똥교장 선생의
초등 교육 이야기

똥교장 선생의
초등 교육 이야기

학생, 교사, 부모가 소통하는 학교 만들기

윤태규 글

보리

차례

공부가 재미있어야 공부하는 습관이 길러진다

'선행학습 금지법'

학부모들은 이 법을 믿지 않는다. 믿지 않으니까 지킬 생각도 없다. 이상할 게 하나 없다. 선행학습을 많이 하면 할수록 학력, 그러니까 시험 점수가 오른다. 한 번 하는 것보다는 두 번, 세 번, 네 번 공부하고 시험을 보면 점수를 더 높게 받는다. 시험 점수 높게 받는 것만이 초등학교 교육목표라면 '선행학습 금지법'은 적어도 초등학교에서는 지킬 필요가 없는 법이 된다.

'초등학교 교육은 학생의 일상생활과 학습에 필요한 기본 습관과 기초 능력을 기르고 바른 인성을 함양하는 데에 중점을 둔다.'

초등학교 교육목표이다. '기본 습관' '기초 능력' '바른 인성' 이렇게 세 가지를 들었지만 이것을 '습관 형성'이라는 알맹이 하나로 묶을 수 있다.

기본 생활이나 인성 함양도 습관 형성이 중요하고 기초 능력을 기르는 교과 공부도 공부 습관 기르는 게 중요하다는 말이다. 공부하는 습관이 바로 공부 근육이다.

습관은 한두 번 해서 생겨나지 않는다. 같은 생각이나 행동을 여러 번 반복할 때 길러진다. 반복은 어떨 때 하는가. 무엇이든 재미가 있어야 반복을 한다. 재미 없이도 반복하게 하는 방법이 있기는 하다. 닦달을 하든지, 벌을 주든지, 힘으로 밀어붙이든지, 억지로 시키면 되기는 한다. 그렇지만 억지로 마지못해 하는 반복은 습관으로 이어지기는커녕 오히려 질리게 한다. 질리면 싫어진다. 싫어지면 멀어진다.

어느 교실 수업 시간을 한번 살짝 보자.

선생님이 공부거리를 내놓았다. 아이들은 처음 대하는 공부거리에 호기심이 일어난다. 선생님 안내에 따라 궁금증을 가지고 문제 해결에 집중한다. 아이들은 혼자 또는 함께 궁금증을 풀어 간다. '아, 이것이구나!' '알았어, 알아냈어!' '그래서 그렇구나!' 아이들은 스스로 알아내고 찾아내는 기쁨을 느낀다. 이게 바로 '공부의 재미'이다.

그런가 하면 학습활동에 관심이 없는 아이가 있다. 너무 따분하고 지루하여 옆 짝에게 장난을 건다. 어떤 아이일까? 선행학습을 한 아이다. 이미 알고 있는 공부거리에 흥미가 있을 턱이 없다. 집중할 필요가 없다. 선행학습으로 미리 알고 온 이 아이는 한 번 더 공부하는 기회가 되어 시험 점수는 높일 수 있을지 몰라도, '집중의 즐거움' '알아가는 재미'는 맛보지 못한다. 수업 시간 40분을 견디는 게 힘들기만 하다. 공부 한 시간 한 시간이 재미없으면 하루가 재미없고, 하루하루가 재미없으면 학교생활이 모두 재미없어진다.

초등학교 다닐 때는 눈에 띄게 앞서다가 중학교, 고등학교로 올라가면서 점차 공부를 못해 가는 아이가 있다. 공부에 질린 아이다. 공부하는 습관이 길러지지 않은 아이다. 초등학교 다닐 때는 별로 잘하는 것 같지 않다가 중학교, 고등학교로 올라가면서 점점 우뚝 서 가는 아이가 있다. 공부에 재미를 잃지 않아 습관이 붙은 아이다.

정리하면 기본 생활이든, 바른 인성이든, 교과 공부인 기초 기능이든 재미가 있어야 습관이 붙는다. 이 습관 붙이기가 바로 초등학교 교육목표이다.

여기에 실린 글은 내가 회원으로 있는 한국글쓰기교육연구회에서 다달이 내는 회보 〈우리 말과 삶을 가꾸는 글쓰기〉에 실었던 글이다.

제1장 '신나는 아이들'은 아이들 이야기가 많이 들어 있고, 제2장 '정다운 선생님'은 선생님들의 이야기가, 제3장 '함께하는 학부모'에는 학부모 이야기가 좀 더 많다. 마지막 제4장 '행복한 우리 학교'는 학교에서 새롭게 실천한 사례를 중심으로 묶었다.

이런 기준으로 나누기는 했지만 두부 모 자르듯이 또렷하게 나누어지는 건 아니다. 읽을 때 장을 구분하여 읽지 않아도 되고, 차례대로 읽을 필요도 없다. 여러 구간으로 나누어 놓은 둘레길을 첫 구간부터 걸어야만 되는 게 아니다. 그렇지만 이왕 완주하려면 처음부터 시작하는 것도 나쁘지 않다.

이 글은 어떤 교육 이론이나 원리 원칙을 내세우고자 쓴 게 아니다. 큰 교육자이신 이오덕 선생님의 민주교육 사상을 배우고 익힌 평범한 선생이 교장이 되어 실천해 본 기록 한 조각이다.

위대한 교육 사상가이자 실천자인 이오덕 선생님 이름을 들먹였지만, 배움이 모자라고 교육 내공이 많이 부족하다. 그래서 내놓기가 망설여졌지만 따지고 견줘 볼 거리라도 되면 다행이겠다 싶어 용기를 내봤다. 이 사례 글을 세상 밖으로 나오도록 힘써 준 보리출판사에 고마운 마음을 전한다.

2023년 9월
윤태규

'똥교장'이라는 별명을 얻다

2009년 3월 1일자로 교장 발령을 받았다. 교장 첫발을 디딜 학교는 등산을 다니면서 자주 봤던 작은 학교다. 대구 앞산 자락에 자리 잡은 시골 냄새가 나는 대구상원초등학교다. 학교는 작지만 커다란 산도 품고 있고, 넓고 아름다운 호수도 딸려 있다. 산을 오르내리면서 학교를 볼 때마다 한번쯤 근무해 보고 싶다는 생각을 했던 학교다. 꿈이 이루어진 거다.

3월 2일 근무하던 학교에서 아이들에게 마지막 인사를 하고 교장으로 첫발을 딛는 상원초등학교에 닿으니 10시 2분이다. 10시에 시작한다고 아이들과 학부모들에게 미리 이야기해 놓은 입학식이 나 때문에 어쩔 수 없이 10분 늦게 시작됐다.

입학식은 교무실 옆에 있는 강당에서 했는데 학부모들이 참 많이 왔다. 입학생은 68명 세 반이다. 국민의례를 하는데 당황스런 일이 벌어졌다. '국기에 대한 경례'를 하려고 하는데 단상에 국기가 없다. 교감 선생님과 교무부장이 당황해서 마구 허둥댄다.

"괜찮습니다. 천천히 가져오세요. 오늘 주인공인 1학년 아이들은 어차피 국기가 왜 있어야 하는지도 모릅니다.”

이랬더니 학부모들이 ‘와아’ 하고 웃었다. 입학 허가서를 읽을 때 국기 준비를 못 한 것을 두고 학부모들과 선생님들 들으라고 짧게 한마디 했다.

“그럴 수도 있습니다. 실수는 잘못이 아닙니다. 따지고 보면 늘 실수하고 그걸 알아차리고 고쳐 나가는 게 교육이지 싶습니다. 교육뿐만 아니라 살아가는 모든 이치가 다 그렇습니다. 잘못은 입학식 시간에 맞춰 오지 못한 내가 잘못입니다. 죄송합니다.”

사과를 하고 단상 옆으로 나와 허리를 숙였더니 학부모들이 손뼉을 쳐 줬다. 괜찮다는 뜻일 게다. 첫날부터 기분이 좋았다. 입학식에는 입학한 아이들에게 수저 한 세트를 선물하는 순서도 있었다. 이 학교 아이들은 모두 자기 숟가락과 젓가락을 갖고 다닌단다. 그렇게 하는 게 급식실 일손을 덜어 주고 위생적이라고 한다.

‘학교장 말씀’ 시간에 세 가지를 부탁했다.

첫째, 아침마다 스스로 일어나기

둘째, 아침밥 천천히 꼭꼭 씹어 배불리 먹고 오기

셋째, 아침마다 똥 누고 오기

아이들에게 하는 부탁이지만 참석한 학부모들도 새겨들어 달라는 부탁이다. 똥 누고 오라는 말에 아이들도 학부모들도 다 같이 ‘와아’ 웃었다. 강당에 한참 동안 웃음이 가득했다.

입학식은 한 시간 정도 이어졌는데 그 가운데 축하 공연이 재미있었다. 북 연주, 바이올린 연주, 춤, 합창이다. 공연하는 시간도 내용도 아주 좋았다.

입학식을 마치고 교내 방송으로 새로 오신 선생님들 소개와 인사가 이어졌다. 나는 교장이 되어 처음으로 '학교장 훈화' 방송을 했다. 먼저 한 학년씩 올라간 것을 축하하고는 입학식에서도 부탁한 날마다 꼭 지켜야 할 세 가지를 이야기했다. '똥 누고 오기'를 말할 때는 아이들이 웃는 소리가 방송실까지 들렸다. 방송부원들도 쿡쿡 웃으며 방송을 진행했다.

오후 3시 30분에 교장실에서 전체 직원 모임이 있었다. 부장 선생님들과 기간제 교원 두 사람에게도 임명장을 주고, 새로 오신 분들과 서로 인사도 했다. 회의가 끝나자 교감이 벌떡 일어나더니 죽을 죄라도 지은 사람처럼 고개를 푹 숙이고 국기를 미리 챙겨 단상에 올려놓지 못했다고 사과를 했다. 나는 얼른 교감을 자리에 앉게 하고는 여러 선생님들에게 물었다.

"국기 갖다 놓는 것을 잊은 것이 그렇게 잘못한 겁니까?"

"아니요!"

여러 선생님이 입을 모아 합창하듯이 말했다.

"보세요. 아니라지 않습니까? 입학식 때도 말했지만 그것보다는 제가 늦은 게 더 큰 잘못입니다. 원래 지난 학교에서 하는 마지막 인사는 2월에 미리 하고 오늘은 우리 학교에 곧바로 출근하는 게 맞는데 그게 제 마음대로 되지 않데요. 미안합니다."

"괜찮아요, 교장 선생님."

내 말에 선생님들이 합창하듯이 이런다.

"그런데 교장 선생님, 오자마자 똥교장 선생님 된 거 아세요?"

6학년 담임을 맡은 새내기 선생님이다. 모두가 '하하' 웃었다. 자기 교실에서도 그런 말이 나왔다는 선생님도 있었다.

"새로 온 교장이 한 말을 흘려버리지 않고 새겨들어 주니 얼마나 고마워요."

똥 이야기로 회의 분위기가 아주 좋아졌다. 좋은 분위기를 몰아서 친목회도 결성했다. 새로 온 선생님들이 열네 명이나 된다. 원래 있던 선생님들보다 더 많다. 그래서 친목회장, 부회장, 총무 모두 새로 온 선생님들 가운데서 뽑았다.

행정실장이 와서 인수인계서를 내놓고 자세히 설명했다. 그러더니 4월 현장학습을 갈 때 어느 관광 회사로 고르면 좋겠냐고 물었다. 그걸 교장이 정하는 거냐, 지금까지 하고 있는 회사가 문제가 없으면 바꾸지 말고 그대로 하는 게 좋겠다고 했더니 그러겠단다. 그리고 덧붙여 몇 마디 했다.

학교 일을 하면서 업체를 정해야 할 때 교장에게 묻지 않는 게 좋겠다. 선생님들 의견을 들어서 해야 할 일, 학부모들이 참여해야 할 일, 아이들에게 직접 물어봐야 할 일도 있을 것이다. 원칙대로 하면 된다. 교장이나 행정실장은 교실에서 직접 아이들을 가르치는 선생님들 뒷바라지를 해 주려고 있는 사람이다.

행정실장이 자기도 그렇게 생각한단다. 며칠 전 교감에게 우리 학교 행정실장이 아주 반듯하게 일을 잘한다는 말을 들었는데 정말 그렇게 보였다. 이건 복이다.

이것저것 정리하느라 퇴근이 늦었다. 저녁 7시 가까이 되어서 퇴근했다. 교장 첫날을 정신없이 보냈다. 가장 많이 한 이야기는 똥 이야기다. 떠나온 학교 아이들과 선생님들, 학부모들에게도, 지금 학교 아이들과 선생님들, 학부모들에게도 똥 이야기로 마무리를 하고 똥 이야기로 시작했다.

똥교장 한번 제대로 해 봐야겠다는 생각을 하면서 교장이 된 첫날을 이렇게 보냈다. '똥교장'이라는 별명이 시작된 날이 바로 이날이다.

제1장

신나는
아이들

실내화 주머니 없는 학교와
어린 페스탈로치

　교장이 된 지 이튿날 출근길에 비가 왔다. 아무리 단비라고 해도 비는 일상을 무너뜨리고 귀찮게 한다. 비 오는 아침 상원초등학교 현관이 그랬다. 학교에 현관이 두 개 있는데 하나는 주차장 때문에 드나들지 못하도록 막았으니 본관 현관 딱 하나로 500여 명 아이들이 드나든다. 그 현관이 난장판이다.

　가만히 보니, 난장판이 되는 까닭이 있다. 들고 온 우산을 접는 일과 신발을 바꿔 신는 일 때문이었다. 그 가운데서 운동화를 실내화로 바꿔 신는 일이 가장 성가셔 보였다. 실내화 주머니에서 실내화를 꺼내 신고는 벗은 운동화를 다시 실내화 주머니에 넣는 일이 엄청 번거롭다.

　가방은 어깨에 메고 있지만 실내화 주머니와 우산을 두 손에 들었다. 거기다 준비물이라도 하나 더 들었다면 이건 보통 거추장스러운 게 아니다. 접어 든 우산에서 물이 줄줄 흐른다. 젖은 실내화 주머니에서 실내화가 잘 꺼내지지도 않고 운동화가 잘 들어가지도 않는다. 뒤에서는 아이들이 마구 밀어붙인다. 엎어지는 아이, 밀지 말라고 소리 지르는 아이, 넘어져서 엉엉 우는 아이, 두 손으로 다 들지 못해서 실내화 주머니 끈을 입에 물고 쩔쩔매는 아이도 있다.

우산에서 떨어진 물이 현관을 지나 복도까지 흥건하다. 그 사이로 선생님들이 들어선다. 선생님들도 우산과 가방을 들었지만 신발을 바꿔 신지 않으니 번거로움 없이 아이들 사이로 쉽게 들어간다. '또각또각' 선생님의 구두 소리는 경쾌하다. 도저히 난장판인 현관을 뚫은 소리 같지 않다. 다른 세상에서 들려오는 소리이다. 번거로움이 묻어 있지 않다.

'실내화 주머니가 문제구나! 아이들도 선생님들처럼 실내화 주머니 없이 다니면 되지 않을까?'

곧바로 교감 선생님과 의논했다. 교감 선생님은 머뭇거렸다. 편리함보다 복도와 교실에 흙먼지가 많아지면 아이들 건강에 문제가 될 수도 있지 않겠느냐고 했다. 오후에 회의실에서 전체 선생님 의견을 들어 보기로 했다. 부임 이튿날부터 전체 회의를 한다는 게 망설여지기는 했지만 서두를 일이다 싶어서 모이자고 했다. 회의에 앞서 생각해 보고 오라고 교감 선생님이 교내 통신망으로 의논할 주제를 미리 알려 주기로 했다. 아이들 의견도 듣고 오라는 부탁도 했다.

실내화 주머니를 없애는 데 찬성하는 선생님들이 훨씬 많았다. 당장 내일부터 없애자는 성급한 선생님들도 있었다. 찬성 쪽이 내놓은 근거는 한두 가지가 아니었다.

실내화 주머니가 아이들 학교생활에 큰 걸림돌이란다. 체육 시간에도 실내화 주머니를 들고 나가야 하고, 운동장에 전교생이 모일 때도 실내화 주머니를 먼저 챙겨야 해서 번거롭다. 쉬는 시간이나 점심시간에 운동장에서 노는 아이들을 보면 실내화 주머니를 팔에 매달고 다녀 정말 거추장스럽다. 실내화 주머니를 들고 다니는 게 귀찮고 번거로우니 규정을 어기며 몰래 실내화를 신고 밖에 다니는 아이들도 있다. 아이들은 복도에서 실내화를 신고 다니는데 선생님들은 구두나 운동화를 신고 다니는 게 꺼림칙하다. 도시 등굣길은 대부분 보도블록이 깔려 있어서 생각처럼 운동화 바닥에 흙이 묻지 않는다. 이런 주장이다.

그러나 반대 쪽도 일리 있는 주장을 내세웠다. 아이들의 건강과 청소 문제를 가장 많이 이야기했다.

"오늘 아침 현관에서 벌어지는 불편한 모습을 보고 생각이 나서 의견을 모아 봤는데요, 전교 어린이회장단이 꾸려진 뒤에 아이들이 선택하도록 하면 효과가 더 좋지 않을까요?"

아무리 아이들을 위한 일이라고 하더라도 학교나 선생님이 일방으로 정하는 것보다는 아이들이 의논해서 하는 게 훨씬 좋겠다는 생각이 들었다. 그렇지만 선생님들이 이렇게까지 열띤 회의를 하는데 다음에 결정하자고 한다면 그게 말이나 될까? 성급하게 서두른 게 후회가 되어서 슬쩍 전교 어린이회를 들먹여 본 것이다.

전교 어린이회를 거치는 게 좋겠다는 선생님도 몇 사람 있었지만 대부분 선생님은 학년 초에 당장 하는 게 좋겠다고 했다. 신입생인 1학년 아이들이 실내화 주머니 갖고 다니는 게 몸에 익기 전인 지금이 가장 적당한 때란다. 아이들에게 의견을 물어봤을 때 손뼉을 치며 좋아했으니 의견이 반영된 것으로 봐도 된단다. 보나마나 결과가 뻔한 것을 일부러 '자치'라는 이름으로 회의에 붙일 필요가 없다고들 했다. 설령 결과가 뻔히 보이더라도 아이들이 스스로 결정하는 과정을 거치는 게 좋겠다는 의견도 있기는 했지만 당장 추진하는 쪽으로 결정되었다. 결정 내용은 이러했다.

1. 전교 어린이회에서 결정하는 대신 다시 한번 교실에서 아이들 의견을 듣는다.
2. 3월 9일 월요일부터 실내화 주머니 없이 학교에 온다.
3. 행정실에서는 월요일 전까지 현관 앞에 신발을 털고 들어갈 수 있는 시설을 마련한다.
4. 3월 한 달 동안 실시해 보고 청결 문제가 생기면 4월에 다시 의논한다. 복도와 계단 청소 외부 용역 문제도 생각해 본다. (실내화 주머니는 버리지 말고 집에 보관하게 한다.)
5. 먼지떨이 발판 위에서 신발을 털고 들어가도록 교사나 6학년 선도반이 곁에서 지도한다.
6. 6학년 1반은 복도 청소에 집중한다.

행정실장이 먼지떨이용 발판을 인터넷으로 살펴봤는데 발판 일부를 땅에 묻어 고정시키는 매립형은 엄청 비싸단다. 알루미늄으로 된 발판도 있는데 그것도 비싸서 넓은 현관 삼면을 둘러 깔려면 적은 돈이 아니라면서 고개를 절레절레 흔들었다.

그래서 할 수 없이 행정실장과 기능직 주무관, 그리고 나도 함께 둘레 철물점을 돌아다녔다. 건설 자재를 파는 곳에 공사판에서 쓰는 구멍 뚫린 철판이 있는데 그건 너무 거칠어서 다칠 위험이 있었다. 스프링을 둥글둥글하게 말아 엮은 직사각형 철 매트도 있었다. 가격도 싸고 위험하지도 않았다. 다만 고정하는 데 힘이 들고, 밑에 쌓인 흙을 청소할 때 고정 장치를 뽑았다가 다시 박아야 하는 번거로움이 있다. 그 철 매트를 골라 여러 개를 사서 현관 삼면에 깔아 놓았다. 그리고 현관 바닥에는 넓고 긴 미끄럼 방지 녹색 매트를 몇 개 사서 깔았다.

실내화 주머니 없이 다니기로 한 날이 며칠 남았는데도 어떤 반 선생님은 아이들을 현관에 데리고 와서 연습을 하기도 했다.

"자, 여기서 이렇게 하나, 둘, 셋……. 열 번을 털고 올라서서 여기 매트에서 다시 하나, 둘, 셋……. 또 열 번을 닦고 들어갑니다."

"하나, 둘, 셋……."

선생님이 시킨 대로 아이들이 신나게 따라했다.

드디어 실내화 주머니 없이 지내는 3월 9일 월요일 첫날이다. 학교가 생긴 뒤로 실내화 주머니 없이 등교하기는 처음이란다. 6학년 서현정 선생님은 역사에 남을 날이라고까지 했다. 6학년 선도반 아이 두 명이 아래 학년 아이들을 친절하게 가르쳐 준다. 교감 선생님도 일찍 나와서 아이들을 지도한다. 그렇게 생각해서 그런지 학교에 오는 아이들 발걸음이 더 가볍고 씩씩해 보였다.

"실내화 주머니 없이 오니 어때?"

무리 지어 오는 아이들에게 교감 선생님이 물었다.

"하늘로 날아가는 것 같아요."

"기분이 짱이에요."

"좋아요."

"노래가 나올 것만 같아요."

아이들이 빈손인 두 손을 흔들어 보이며 이렇게 대답했다. 예상한 일이지만 아이들이 이처럼 좋아하니 다행이다 싶었다. 학교 오는 길에 노래가 나올 것만 같고, 하늘로 날아가는 것 같다면 괜찮은 것임에 틀림없다.

아이들이 먼지떨이 발판에서 '하나, 둘, 셋' 신발을 잘 털고, 매트 위에서도 '하나, 둘, 셋' 쓱쓱 잘 닦고는 현관문 안으로 들어간다. 현관문 앞에서 머뭇거리는 아이가 더러 있다. 정말 운동화를 그대로 신고 걸어도 되는지 실감이 나지 않는 모양이다. 이와 다르게 두 다리를 높이 들고 두 팔을 크게 흔들며 당당하게 걸어가는 아이도 있다. 전처럼 실내화로 바꿔 신고 들어가는 아이도 있다. 깜빡했단다.

일단 시작은 성공이다. 아이들 의견을 듣지 않고, 왕이 백성에게 큰 선물이라도 주듯이 일방으로 실시한 게 조금 꺼림칙한 마음이지만, 하늘을 날아가는 것 같은 기분이고, 노래가 나올 것만 같고, 기분이 짱이라는 그 말에 힘이 부쩍 났다.

아침 방송 시간이다. 아이들에게 실내화 주머니 없이 온 첫날 현관 앞에서 신발을 아주 잘 털고 들어왔다고 칭찬했다. 아이들은 충분히 칭찬을 들을 만했다. 모든 아이들이 잘했는데 아래 학년 동생들에게 신발 터는 방법을 친절하게 가르쳐 준 6학년 아이들은 아주 잘했다고 칭찬을 더 해 줬다. 6학년 방송부원들이 싱글벙글하며 방송을 진행했다. 진행을 맡은 아이가 "교장 선생님께 경례!" 하며 인사를 해서 앞으로는 그러지 말라고 이야기했다. 차례에 따라 "교장 선생님 말씀이 있겠습니다" 하면 내가 아이들에게 인사를 받는 게 아니라, 반대로 내가 공손하게 인사를 한 뒤에 말을 시작하겠다고 했더니 그렇게 하겠단다.

오후에 전교 회장, 부회장에 당선된 아이들이 담당 선생님과 같이 교장실로 인사를 하러 왔다. 교감 선생님이 귤을 준비해 줘서 귤을 까먹으며 원탁에서 이야기를 했다. 전교 회장이 실내화 주머니를 없애 주어서 고맙다고 했다. 다른 아이들도 그 말에 고개를 끄덕였다. 자기들도 같은 생각이라는 반응이다. 그런데 6학년 부회장인 가을이 생각은 달랐다. 6학년 1반이 1층 복도 청소를 하는데 청소 걱정이 크단다. 하지만 한 달이 지나고 두 달이 지나도 부회장 가을이가 걱정했던 것처럼 복도나 계단은 더러워지지 않았다. 먼지떨이 발판 위에서는 '하나, 둘, 셋' 하는 소리가 마치 노래처럼 놀이처럼 들려왔다.

2009년 3월 17일 아침, 주차장에 차를 세워 놓고 현관으로 들어가려는데 교문 쪽에서 누가 불렀다.

"교장 선생님, 이거 어디에 버릴까요?"

교문 앞에서 자그마한 남자아이가 무언가 두 손 가득 모아 들고 나를 바라보았다.

"그게 뭔데?"

가까이 가 보니 남자아이가 들고 있는 것은 삐죽삐죽한 사금파리였다.

"어! 그 위험한 사금파리를 왜 맨손으로 들고 있노?"

"위험해서 들고 있어요."

"뭐라고? 위험해서 들고 있다고?"

명찰을 보니 3학년 1반 김류연이다.

류연이가 사금파리를 들고 온 까닭을 설명했다. 횡단보도 건너 전봇대 밑에 이게 깨져 있었는데 뭔지 궁금해서 만지다가 자칫 손을 다칠 뻔했단다. 그냥 두고 오려다가 생각해 보니 뒤에 오는 아이들이 자기처럼 만지다가 다칠까 봐 하나하나 다 주워 온 거란다. 그런데 막상 학교까지 가져와 보니 이게 재활용이 되는 건지 안 되는 건지 몰라서 누구라도 만나면 물으려고 했는데 나를 만난 거였다.

"아이구, 그랬구나! 류연아, 이건 재활용 안 되는 거다. 그러니 쓰레기통에 버리면 된다. 그런데 위험하니 여기에 그대로 내려놓아라. 내가 장갑 끼고 와서 치울 테니까."

"괜찮아요. 살살 걸으면 안 다쳐요."

감동이다. 세상에 이런 아이가 우리 학교에 있다니! 울컥하기까지 했다. 아이를 사랑하는 마음으로 골목에서 유리 조각을 주웠다는 스위스 교육자 페스탈로치 이야기가 떠올랐다.

아이를 교실로 보내고 얼른 교장실로 들어와서 컴퓨터를 켰다. 교내 메신저로 편지를 써서 교실에 보냈다. 혼자 감동하는 것보다 여럿이 함께 느끼는 게 울림이 더 크고 더 값지니까. 글을 읽은 선생님들이 감동했다면서 답장을 보내 왔다.

1학년 1반 선생님은 1학년 아이들이 교실에서 날마다 자잘한 행복을 준단다. 그러면서 '교장 선생님은 이런 행복을 모르지요?' 놀리듯이 글을 보냈다. 연구부장은 눈물이 다 나온다고 했고, 5학년 강정이 선생님은 류연이가 맨손으로 사금파리를 가득 주워 올 수 있었던 것은 실내화 주머니 없이 맨손이었던 것도 한몫했을 거라고 답장을 보냈다. 맞다. 그럴 수도 있다. 실내화 주머니 없앤 효과가 맞다.

3월 한 달을 연습 기간으로 정하고 다시 4월에 의논하자고 했는데 그럴 필요가 없어졌다. 복도나 계단이 더러워지기는커녕 청소 당번이 신경을 쓰는 덕에 더 깨끗했다. 6학년 1반 가을이가 한 걱정은 그야말로 괜한 걱정이 되고 말았다.

아이들의 자치 과정을 거치지 않고 일방으로 그것도 사실상 선물 내리듯 실시한 '실내화 주머니 없애기' 결과는 성공이다. 그렇지만 교장이 되자마자 즉흥으로 시작한 이 일이 아이들 의견을 먼저 듣고, 아이들의 자치와 자율을 앞세우는 교장이 되어야겠다는 공부거리가 된 것도 틀림없다.

시간이 지나 두 번째로 옮긴 학교에서 100퍼센트 아이들 스스로 '실내화 주머니 없애기'를 성공한 사례가 그것을 말해 준다.

우리 학교
3대 명소

1학년인 듯한 여자아이 둘이 교장실 앞 복도 가운데로 힘껏 달린다. 전교생이 현장학습을 가서 절간처럼 조용해진 학교를 한 바퀴 돌아볼 양으로 교장실 문을 열고 나오다가 그 아이들과 맞닥뜨렸다. 벌써 현장학습을 끝내고 돌아온 모양이다.

"오른쪽으로 천천히 가세요."

"교장 선생님, 아주 급한 일이 생겨서 안 뛰어갈 수가 없어요."

이러면서 속도를 늦추지 않고 달린다.

"맞아요."

같이 달리던 아이도 이렇게 맞장구를 치고는 그대로 달린다.

"무슨 일이 생겼니?"

달리는 아이들 쪽으로 큰 소리로 물었더니 그제야 저만치 서서 답한다.

"제 물통이 없어졌어요. 안 찾아가면 엄마한테 혼나거든요. 방송실에 가도 없어서 교실에 있나 보려고요."

말하는 아이 얼굴에는 걱정이 가득했다. 방송실에는 주인을 잃어버린 물건을 놔두는 곳이 있다. 거기에 가서 찾아본 모양이다. 웃음이 나왔지만 꾹 참았다.

"그래, 얼른 가서 잘 찾아봐라."

아이들이 떠나간 뒤에 자꾸 웃음이 나왔다. 안 뙬 수 없을 정도로 바쁜 일이 물통을 찾는 일이라니 어찌 웃음이 나오지 않겠는가. 하기야 현장학습 가서도 물통이 교실에 있을까, 누가 주워서 방송실에 갖다 놨을까 하고 걱정했을 테니 급한 일이기는 하겠다.

잃어버린 물건을 찾으려고 헐레벌떡 뛰어다니는 아이가 대견하다. 물건을 잃어버리고 오면 그냥 넘기지 않고 혼낸다는 그 아이 어머니도 잘한다 싶다. 어떤 분인지 보고 싶었다.

1층을 한 바퀴 돌고 오는데 1학년 복도에 걸려 있는 '상상 칠판' 앞에 두 아이가 붙어 서서 글을 쓰고 있다. 가만히 보니 아까 물통을 찾으려고 달리던 아이들이다.

아이들이 벽에 자꾸 낙서를 하니 마음대로 낙서할 수 있는 칠판을 하나 만들어 달라고 1학년 선생님들이 부탁해서 달아 놓은 칠판이다. 칠판 위에 '마음대로 써 보세요'라고 해 놓았으니 굳이 이름을 붙이자면 '마음대로 칠판'이다. 그런데 1학년 선생님들이 '상상 칠판'이라고 하는 바람에 그만 상상 칠판이 되었다. 상상 칠판은 이보다 먼저 교장실 앞에 만들어 놓은 '소통 칠판'을 흉내 낸 것이니 말하자면 표절이다.

우리 학교에는 아이들이 이용하려면 줄을 서서 차례를 기다려야 하는 3대 명소가 있다. 거기에 이 '상상 칠판'이 3위로 당당히 자리를 잡았다. 1위는 '소통 칠판'이고, 2위는 '서서 하는 모래 놀이장'이다. 소통 칠판과 서서 하는 모래 놀이장 설명은 뒤에 하겠다.

"물통은 찾았니?"

그렇게 바쁘다던 아이가 느긋하게 글을 쓰는 걸 보니 찾은 것 같기는 한데 물통을 들고 있지는 않았다.

"네, 찾았어요. 그런데 교실 문이 잠겨서 못 가져왔어요."

"문이 잠겼는데 어떻게 찾았니?"

"뒷문으로 보니까 사물함 위에 있는 게 보였어요."

"그래? 다행이다. 그럼 교무실에 가서 열쇠 가져오면 되잖아?"

"괜찮아요. 있으니까 이제 안 혼나요."

두 아이는 칠판에 글 쓰는 데 집중하느라 내 이야기는 건성으로 듣고 대답하는 듯했다.

상상 칠판의 이번 낙서 제목은 '행복했던 순간을 마음대로 써 보세요'이다. 언제 썼는지 벌써 앞 칸은 꽉 차 있다. 마지막 남은 한 칸에 두 아이가 쓰고 있었다.

'현장학습 갈 때.'

'현장학습 가면서 버스 안에서 놀 때.'

두 아이가 다 '현장학습'이라고 썼다. 현장학습이 재미있었던 모양이다. 앞에 써 놓은 글을 보니 '학교에서 친구들과 재미있게 놀때' '캠핑 가서 잠을 잘 때 정말 좋았다' '가족 여행 가서 놀이 기구를 탈 때' 모두가 놀 때를 행복했던 순간이라고 적었다. '학교에 올때'라고 적은 글도 있었는데 그 아이도 학교에서 동무들과 재미있게 노는 것을 상상하며 그렇게 썼으리라.

언젠가는 '날아서 북한에 갈 수 있다면 무엇을 하고 싶은가요?' 라는 상상 칠판 낙서 제목에 '북한에 가서 실컷 본 이야기를 교실에 와서 할 것이다. 그리고 북한 아이들과 신나게 놀 것이다'라고 2학년 아이가 써 놓은 적도 있었다. 그때도 '논다'였다. 아이들에게는 놀 때가 가장 행복한 순간이다.

"교장 선생님, 우리 엄마 알지요?"

물통 잃은 아이를 뒤따르던 아이가 갑자기 생각났다는 듯이 나를 쳐다보며 물었다. 갑작스러워서 순간 당황했다. 그 많은 1학년 엄마들을 내가 어떻게 알겠는가. 혹 안다 한들 이 아이와 부모가 바로 연결되지 않으니 어찌 하겠는가. 그렇다고 '모른다'고 말할 수는 없는 일이다. 아이가 실망할 게 아닌가.

"어어? 어어!"

내가 우물쭈물하니까 그 아이가 금방 답을 줬다.

"엄마가 저번에 '막걸리 삼천 냥'에서 교장 선생님하고 술 마셨다고 그랬어요."

깜짝 놀랐다. 자기 엄마가 '막걸리 삼천 냥'에서 교장과 막걸리 마셔서 자랑스럽다는 말이다. 세상에!

우리 학교 가까운 곳에 자리가 널찍한 '막걸리 삼천 냥'이라는 술집이 있다. 학교 저녁 행사가 있는 날이면 늘 거기에서 뒤풀이를 했다. 그곳은 힘들게 치른 행사를 마무리해 주고 고단한 하루를 어루만져 주는 공간이었다.

학부모와 함께 저녁 행사를 하면 당연히 뒤풀이도 학부모와 함께

했다. 행사를 마칠 때 뒤풀이 안내가 없으면 학부모들이 섭섭해하기도 했다. 뒤풀이에 가는 재미로 저녁 행사에 참가한다고 하는 학부모들도 있을 정도였다. 그곳에서 '아버지 모임' 씨앗도 뿌려졌고, '아버지와 함께하는 팔공산 야영'도 싹이 텄다. 어른들에겐 이곳이 우리 학교 으뜸 명소다.

"교장 선생님, 안녕히 계세요."

상상 칠판에 쓰기를 끝낸 두 아이가 인사를 하고는 뛰어오던 그 복도로 천천히 걸어갔다.

두 아이와 그렇게 헤어진 뒤 앞 건물 복도로 오니까 우리 학교 제1명소인 소통 칠판 앞에 아이들이 줄을 서서 글을 쓰고 있다. 역시 제1명소답다. 큰 아이들도 있는 걸 보니까 고학년 아이들도 현장학습을 마친 모양이다.

이름은 소통 칠판이지만 정작 칠판에는 그런 글자가 없다. '더 좋은 학교를 만들기 위한 내 생각'이라고 써 놓았으니 그게 진짜 이름이다. 그런데도 아이들이고 선생님들이고 모두가 소통 칠판이라고 말한다. 이 칠판에 요구든 부탁이든 비판이든 누구라도 자기 의견을 쓰면 학교에서는 그에 알맞은 응답을 하니 소통 칠판이 맞기는 맞다. 이 칠판은 교장실과 교무실 사이에 있는데 늘 자기 의견을 쓰려는 아이들로 북적인다. 그러나 쓸 수 있는 칸은 달랑 여섯 개뿐이라서 칠판 앞에는 언제나 줄이 늘어선다.

어느 날 소통 칠판에 이런 글이 쓰여 있었다.

"1학년 교실을 4층으로 바꿔 주세요. 도서관이 너무 멀어요. 꼭 꼭 꼭. 1학년 7반 김민수."

우리 학교 도서관은 4층에 있다. 그 도서관을 1층에 있는 1학년 아이들이 가장 많이 들락거린다. 많이 불편했을 터다.

"1학년이 올라가면 다른 학년이 내려와야 합니다. 내년이면 한 층 올라가니 불편하더라도 참아 주세요. 교장 윤태규."

이렇게 답변을 써 놓았다. 소통 칠판에 쓴 글에는 반드시 답변을 쓴다. 답변은 질문이나 요구 사항에 따라 담당 선생님이 쓰는데 교장인 내가 쓸 때가 가장 많다. 그 뒷날 칠판 앞을 지나면서 보니 내가 써 놓은 답변에 댓글이 달려 있다.

"그래도 바꿔 주세요."

쓸 곳이 없어서 화살표를 그어 칸 밖에 작은 글씨로 적었다. 댓글 밑에 이름을 밝히지 않았다. 그렇지만 민수가 쓴 게 분명하다. 장난기가 돌았다. 그 댓글 옆에 작게 댓글을 달았다.

"그래도 바꿀 수 없음."

나도 이름을 쓰지 않았다. 댓글을 쓸 때도 이름을 밝혀야 하는데 민수도 안 지켰고 나도 안 지켰다. 그렇게 해 놓고 칠판 앞을 오가며 또다시 댓글에 댓글을 달았는가를 살폈다. 민수 댓글이 기다려졌다. 그 뒷날 또 댓글이 달렸다. 그런데 세상에!

"교장 선생님 바꿔 주세요."

'뭣이? 교장을 바꿔 달라고?'

교장 선생님 뒤에 쉼표를 찍지 않으니 교장을 바꿔 달라는 것으로 읽힌다. 웃음이 나왔다. 교감 선생님을 불러서 읽어 보게 했다.

"교감 선생님, 이 댓글 좀 읽어 보세요."

"왜요? 이상한 게 올라왔습니까?"

"글쎄, 크게 소리 내어 읽어 보세요."

'교장 선생님 바꿔 주세요'를 몇 번 읽던 교감 선생님이 앞뒤 맥락을 알고는 손뼉을 치면서 웃었다. 그러더니 행정실 문을 열고 모두가 나와서 읽어 보라고 했다.

"교장 선생님, 어떻게 해결하지요? 교장 선생님 바꿔 달라는 이 민원을요."

행정실장이 민원이란다. 민원은 반드시 해결해야 한다. 모두가 한바탕 크게 웃었다. 소통 칠판은 이렇게 웃음도 주지만 큰 감동을 여러 번 주기도 했다.

식수대를 설치할 때였다. 5층까지 있는 학교에서 식수대가 보건실 앞에 달랑 하나밖에 없어 아이들이 많이 불편해했다. 그래서 층마다 식수대를 설치해 달라는 글이 소통 칠판에 자주 올라왔다. 아이들의 요구에 따라 식수대 설치 공사를 하는데 그 앞을 지나가던 한 무리 아이들 속에서 이런 말이 들렸다.

"저 식수대 왜 하는지 아나? 내가 설치해 달라고 소통 칠판에 써서 하는 거야."

"맞아요. 소통 칠판에 써 놓아서 하는 거 맞아요."

이렇게 맞장구를 쳐 줬더니 아이는 고맙다면서 절을 꾸벅했다.

축구 골대를 세울 때도 창문으로 운동장을 내다보며 아이들이 소리소리 지르더라는 말을 교감 선생님에게 들은 적이 있다.

자기 의견이 학교에 그대로 반영되었다고 생각하는 아이들, 얼마나 신날까? '우리 학교'라는 주인 의식이 자연스럽게 솟아날 것이다. 그래서 우리 학교는 좋은 학교가 된다. 그게 자존감이고 긍지다.

좋은 학교는 졸업을 해서도 영원한 마음이 고향이요, 어린 시절 추억의 장소가 될 거다. 내 의견이 공동체에서 받아들여 살아 움직인다면 거기서 존재감과 공동체 의식이 싹트고 민주 시민 역량이 커질 게 아니겠는가.

제2명소는 '서서 하는 모래 놀이장'이다. 땅에 있는 모래 무더기나 모래밭이 아니라 싱크대처럼 서서 놀이를 할 수 있도록 허리 높이로 만든 모래 놀이장이다. 학교 중간 뜰 가운데 만들어 놓았다. 높이 60센티미터, 길이 5미터, 폭 70센티미터로 붉은 벽돌을 쌓아 만들었다. 그 위에 스테인리스스틸 판을 덮어 커다란 직사각형 통을 만들고 양쪽 끝과 가운데에 물이 빠지도록 구멍을 뚫은 뒤에 거기에 모래를 담아 놓았다. 점심시간이고 오후 시간이고 이 모래 놀이장은 아이들로 북적거렸다. 엉덩이 대고 철퍼덕 앉아서 노는 모래 놀이장도 좋아하지만 여기에 댈 바가 아니다.

어느 날 이 모래 놀이장에서 신나게 놀던 남자아이가 아이들이 노는 것을 구경하던 나에게 다가와서 물었다.

"교장 선생님, 누가 소통 칠판에 이걸 만들어 달라고 썼나요?"

학교 시설은 으레 저희들의 요구로 만드는 줄로 아는 모양이다. 바람직한 변화다.

"내가 써서 만든 거지."

"정말요? 잘하셨어요."

아이는 모래가 더덕더덕 묻은 손으로 손뼉을 쳤다.

또 어느 날은 어머니 한 분이 모래 놀이장에서 노는 아이를 데리러 와서 한마디 했다.

"교장 선생님, 모래 놀이장 때문에 큰일 났어요. 학원 마치고 여기 와서 노느라 저녁 먹으러도 안 와요."

정말 큰일 났다는 얼굴은 아니다. 요즘 세상에 밥 먹는 것도 잊고 논다는 이야기를 다 듣는다. 오랜만에 듣는 말이다.

"그래요? 정말 큰일이네요. 어쩌지요?"

"그러게 말이에요. 오늘도 데리러 왔습니다. 그런데 교장 선생님, 이 모래 소독하나요? 소독을 자주 해야 할 것 같은데요."

"소독이요? 보세요. 아이들이 저렇게 날마다 물을 부으면서 놀잖아요. 걱정 안 해도 됩니다. 흙을 만지고 놀면 아토피도 없어진다고 하잖아요. 흙 자체가 최고로 좋은 소독약입니다."

아이들이 물통으로 물을 떠다 날라 물길을 만들며 노는 것을 가리키면서 얼른 둘러댔다.

"아, 그래요?"

이렇게 아이들에게 인기가 있는 3대 명소에도 작은 부작용이 있다.

제1명소인 소통 칠판부터 보자. '에스컬레이터 만들어 주세요.' '방학 기간 길게 해 주세요.' '학교를 새로 지어 주세요.' '오전 수업만 하게 해 주세요.' '체육 시간 두 배로 늘려 주세요.' '간식 시간 만들어 주세요.' '수학 시간 없애 주세요.' '여자 교실 따로 만들어 주세요.' '휴대폰 마음대로 사용하게 해 주세요.' ……

이런 글들이 올라올 때면 더 좋은 학교를 만들기 위한 게 아니라 더 나쁜 학교를 만들기 위한 것이라고 고개를 절레절레 흔드는 선생님들도 있다. 그러나 그렇게만 생각할 일이 아니다. 소통 칠판에 엉뚱한 요구란 없다.

어른들 눈으로 옳다 그르다 분별을 하니 엉뚱한 질문이고 요구가 되고 만다. 아이들 자리에서 보면 얼마든지 궁금해하고 요구해 볼 만한 일이다. 자기 의견을 마음대로 말하게 했으면 어떠한 의견이라도 존중하여 성의껏 답변을 하고, 해결책을 알려야 한다. 그러지 않으면 아이들과 소통하는 척, 아이들을 위하는 척, 의견에 귀 기울이는 척하는 데 머무르고 만다. 소통 칠판은 설문 조사를 위한 게 아니다. 이렇게 보면 이건 부작용도 아니다.

제2명소인 서서 하는 모래 놀이장 부작용은 모래를 묻혀서 교실로 들어가 교실을 엉망으로 만든다는 거다. 그럴 때는 청소 시간을 좀 더 늘리면 된다. 청소도 공부다.

제3명소 상상 칠판 부작용은 칠판이 있어도 벽에 낙서는 그대로라는 거다. 그러니까 상상 칠판이 낙서 문제를 해결하지 못한다는 말이다. 그래서 낙서 칠판이 아니라 상상 칠판이라고 하지 않았는가. 거기서 상상력이 자라면 됐다.

부작용이라고 할 것도 못 되지만 설령 부작용이 조금 있다 한들 또 어쩌랴? 병을 미리 막아 주는 예방주사도 '따끔'이라는 부작용 정도는 있지 않은가!

이야기가 있는
교장실

　혼자 일하는 공간으로는 민망할 정도로 넓은 20평 교장실에 반갑게도 아이들이 찾아오기 시작했다. 아이들에게 너희들이 보고 싶다고, 너희들과 동무하고 싶다고, 너희들과 놀고 싶다고 온갖 신호를 보냈건만 본체 만체 들은 척 만 척인 아이들이었다.

　교장실은 언제나 아이들하고는 거리가 멀었다. 새로 입학한 1학년들이 '학교 한 바퀴' 공부를 하느라 잠깐 시끌시끌한 적은 있지만 그걸로 끝이었다.

　아이들이 찾지 않아 썰렁하다고 해서 교장실이 절간처럼 조용하다는 말은 아니다. 제품 설명서와 홍보 자료가 담긴 가방을 든 외부 손님들이 뻔질나게 드나드는 곳이다. 하루에도 몇 번씩 장사꾼들과 마주하는 일은 어떤 일보다 피곤하고 지친다. 그들은 오자마자 명함과 제품 홍보 자료를 내놓고 장사를 시작한다. 자기네 제품이 최고라고 자랑을 늘어놓는 데만 그치지 않는다.

출신 학교, 고향, 성씨, 친구의 친구, 사돈네 팔촌까지 온갖 연줄을 들먹이는 인맥 동원 파, 기자 협회 같은 곳을 들먹이며 은근히 부담을 주는 은근 협박 파, 교장의 안목이 교육을 좌우한다면서 자존심을 파고드는 일장 연설 훈수 파까지 가지각색이다.

그게 사람을 피곤하게 한다. 자기 제품을 팔기 위해 온갖 방법과 전략을 다 들이대는 것이 이해가 안 되는 건 아니지만 일에 방해가 되고 불편하다. 물론 도움이 되는 정보와 제품을 만날 때도 더러 있기는 하지만 시간이 아까울 때가 더 많다.

장사꾼들이 들락거리던 교장실에 아이들도 오기 시작했다. 이건 순전히 '이야기 교실' 덕분이다. 아이들에게 놀러 올 기회를 만들어 주고자 교장실에 이야기 교실을 만들었다.

사실 교장실이나 교무실은 보통 아이들에게는 늘 먼 곳이다. 드나들고 싶은 곳이 아니다. 특별히 잘난 아이들 몇몇이 칭찬을 받거나 상을 타러 오는 곳이고, 무슨 일을 저지른 아이들이 꾸중을 듣거나 벌을 받으러 오는 곳이다.

그러니 평범한 대다수 아이들에게는 궁금하기는 해도 언제나 '관계자 외 출입 금지' 구역이다. 이런 아이들에게 문이 활짝 열려 있다는 말 하나로 우우 몰려오게 할 수는 없었다. 그래서 생각해 낸 게 이야기 교실이다.

넓은 교장실 한구석에 매트를 깔고 둥근 앉은뱅이 탁자를 갖다 놓은 뒤 이야기 교실이라는 이름으로 손님을 받기 시작했다. 교장이 재미난 이야기를 해 줄 테니까 한번 와서 들어 보라고 교실로 광고를 했다. 혼자 오기가 뭣하면 몇 사람이 함께 와도 좋고, 여럿이 우우 몰려와도 괜찮다고 적극으로 안내를 했다.

처음에는 토요일에 30분 정도 열었다. 네 시간 수업이 끝나고 선생님들이 퇴근하기 전까지 30분 동안 이야기 교실이 열린다. 지금과 달리 이때는 토요일에 한 주 건너서 쉬었다. 그러니까 한 주 토요일은 학교에 와서 오전 수업을 하고, 그다음 한 주는 학교에 오지 않았다.

토요일에 연 이야기 교실은 자연스럽게 한 주씩 건너뛰어 열렸다. 이야기 교실은 토요일 네 시간 수업을 마치는 12시 20분부터 선생님들 퇴근 시간인 1시까지 열렸다. 40분이지만 교실에서 마치는 시간과 모이는 시간을 빼면 30분 정도 된다.

이야기 교실에 오는 아이들은 늘 헐레벌떡 뛰어온다. 이야기는 듣고 싶고, 집에 갈 시간은 가까워 오니 그럴 수밖에 없었다.

바쁜 아이들이 드나들기 쉽도록 교장실에 신발을 그대로 신고 들어오도록 했다. 나중에는 이야기 교실에 오는 아이들뿐만 아니라 교장실에 오는 사람은 바깥손님이든 누구든 신발을 신고 들어오도록 바꾸었다.

이야기 교실에 오는 손님이 나날이 늘었다. 북적대고 붐볐다. 어떨 때는 이야기가 길어지면 한 시간을 훌쩍 넘길 때도 있었다. 여기에 오는 아이들은 점심을 조금 늦게 먹어도 된다는 생각으로 배고픔을 참고 오는 아이들이다. 그러니까 점심시간과 이야기 듣는 시간을 맞바꿔도 괜찮다는 아이들이다.

이야기 시작은 언제나 교장이 물꼬를 텄지만 어느새 너도나도 다 이야기꾼이 되었다. 아이들의 맞장구가 장난이 아니었다. 아이들의 맞장구는 이야기꾼인 나를 신나게 했다.

처음에는 이야깃거리를 전날이나 아침 출근하면서 생각했으나 나중에는 다달이 계획을 짜게 되었다. 아이들은 옛날이야기보다는 교장의 어린 시절 이야기 듣는 걸 더 좋아했다.

이야기 교실은 나날이 번창해 가고, 진화해 갔다. 아이가 이야기 교실에서 들은 이야기를 집에 가서 종알종알 내놓으면 이야기를 듣던 아버지도 어머니도 맞장구를 치며 이야기꾼이 된다. 할아버지와 할머니도 이야기꾼이 된다. 집에서 들은 이야기는 아이들 귀에 담겨서 다시 학교 이야기 교실로 옮겨 온다. 아이들은 이야기 배달꾼도 된다.

이야기 교실은 여기서 그치지 않았다. 들판으로도 가고 산으로도 가는 현장학습으로 진화했다. 버들피리 불었던 이야기를 하다가 개울가로 가서 직접 만들어 불기도 했고, 참꽃을 따 먹으러 뒷산에도 갔으며, 벼이삭 줍던 이야기는 가을 들판으로 가도록 만들었다. 토요일에 열렸던 이야기 교실이 평일로 옮겨질 수밖에 없었다.

어느 날 오후였다.

"똑똑똑."

"교장 선생님, 놀러 가도 돼요? 들어가도 돼요?"

여자아이들이다. 출입문 유리 너머로 머리가 보인다.

"들어오세요."

들어오라는 말소리가 채 끝나지도 않는데 벌써 문이 열린다. 중학년쯤 되어 보이는 여자아이 셋이 함께 들어왔다. 한 아이는 이야기 교실에서 가끔 보았던 얼굴이다. 그 아이가 동무 둘을 꼬여서 데리고 온 게 틀림없다.

"교장 선생님, 여기에 아무 때나 놀러 와도 되지요?"

이야기 교실에 가끔 오던 아이가 내 책상 앞까지 와서 이렇게 물었다.

"되니까 이렇게 왔잖아."

"아, 맞다!"

"너희들, 떡 먹을래?"

마침 교무실에서 갖다준 떡이 책상 위에 있었다. 떡이 담긴 접시를 들어 아이들에게 권했다. 교무실이나 행정실에서 가끔 음식을 가져올 때도 있고 교실에서 보내올 때도 있다. 나는 떡보라서 떡이나 과일은 더러 먹지만 과자 같은 주전부리는 잘 먹지 않는다. 그걸 교장실에 놀러 오는 아이들에게 주곤 했다.

"괜찮아요."

아이들은 대부분 한 번은 체면치레로 사양을 하지만 두 번 권하면 좋아하며 먹는다. 그래서 교장실로 오는 음식 접시는 언제나 깨끗하게 비워져서 돌아간다. 그날도 교무실에서 보낸 떡과 과자가 조금 남아서 아이들을 은근히 기다리던 참이었다.

"이 자식들, 먹고 싶으면서."

"정말 먹어도 돼요?"

"그래, 꼭꼭 씹어 먹어라. 물 마셔 가면서."

컵을 세 개 내놓고 물을 따라 주었다.

아이들은 바닥에 있는 둥근 탁자에 떡 접시를 놓고 둘러앉았다. 교장실에 놀러 오는 아이들은 소파에 앉거나 이야기 교실 바닥 매트에 주로 앉는다. 내가 하는 아이들 접대는 아이들을 자리에 앉게 하는 데까지다. 그 뒤부터는 자기들끼리 이야기하며 잘 논다.

"교장 선생님은 학교에서 뭘 해요?"

떡을 먹다 말고 한 아이가 물었다.

"맞아요. 뭘 해요?"

나머지 두 아이도 그게 궁금했던 모양이다.

갑작스러운 물음에 몹시 당황스러웠다. 할 말이 얼른 떠오르지 않아 잠깐 멈칫했다.

"하는 일이 아주 많지. 너희들 공부하는 것도 살펴보고, 또 선생님을 도와주는 일도 하고……."

대답이 만족스럽지 않았던지 반응이 별로다. 고개를 끄덕이지도 않는다. 웬만하면 알았다는 표시로 '아!' 하는 말이라도 나와야 하는데 그것도 없다. 하기야 나 스스로도 썩 알맞은 대답이라는 생각이 들지 않았던 터다.

한 아이가 일어서더니 교장실 천장을 두리번거렸다.

"어디 있어요? 우리 공부하는 거 몰래 보는 거요."

"뭐라고?"

아이들 공부하는 모습을 살펴본다는 말을 듣고 내가 교실에 카메라를 설치해 교장실에서 지켜보는 줄 안 모양이다. 책상을 치면서 웃었더니 세 아이도 그냥 따라 웃었다.

교장실이 아무리 아이들로 북적거린다고 해도 혼자 오는 아이는 드물다. 혼자 와서는 재미가 없기 때문이다. 혼자 와서 한두 마디 이야기 나누다가 이야깃거리가 없어지면 이내 머쓱해지고 만다. 적어도 둘은 넘어야 저희들끼리 조잘조잘하다가 간다. 혼자 올 때는 주로 누군가를 이르러 올 때다.

언젠가 1학년 여자아이가 자기를 괴롭히는 남자아이를 일러 주러 온 일이 있었다. 교장실에 들어오지도 않고 곧바로 문을 붙잡고 복도에서 말을 쏟아 내기 시작했다.

"교장 선생님, 있지요. 민철이가 자꾸 괴롭혀요. 앞을 막고 못 가게 하고요. 복도에서도 밀었어요. 어제도 그랬고요, 또 그전에도 그랬고요, 오늘도 그랬어요."

"그래? 민철이 이놈, 내가 한번 단단히 야단을 쳐야겠다."

이게 상황 끝이다. 한마디로 사건을 끝낸 거다. 혼내 주겠다고 했지만 사실은 민철이가 누군지 모른다. 민철이가 누군지 알아내어 혼내러 갈 마음은 처음부터 없다. 또 누가 잘못했는지를 가릴 필요는 더더욱 없다.

아이는 일러 주는 걸로 끝이고, 나는 아이 말을 들어주고 이렇게 으름장 한번 놓는 걸로 끝이다. 이런다고 교장이 거짓말쟁이가 되지 않는다. 아이 역시 고자질쟁이가 되는 게 아니다.

교장에게 일러 줘도 전혀 해결이 안 되니 다시는 안 갈 거야, 하지도 않는다. 그래도 자꾸 일러 주러 온다. 자꾸 오면 그게 좋은 거다. 화나고 억울할 때 일러바칠 사람이 있다는 것만으로 아이에게는 얼마나 큰 위안이 될까. 그 사람이 교장이라면 아이는 더없이 든든한 배경을 가지게 된다. 배경이 되어 주는 나로서도 기분 좋은 일이다.

어느 날 또 누군가를 일러 주러 온 아이가 있었다. 출입문이 쓰윽 열렸다. 여자아이다. 딱 봐도 1학년이다. 그때 나는 출장 시간에 쫓겨 가방을 들고 막 나서려던 참이었다.

"어떻게 왔니?"

마음이 급해서 서둘러 물었더니 아이가 멈칫했다. 다시 물었다.

"어떻게 왔느냐니까?"

아이가 놀란 눈으로 나를 쳐다봤다. 교장이야 급하든 말든 아이는 말이 없었다. 답답해서 다그치듯이 다시 물었다.

"말을 해야지? 어떻게 왔느냐니까?"

아이 눈은 더욱 똥그래졌다. 한참 뒤에 아이는 모기 소리만 한 목소리로 말했다.

"걸어서 왔습니다."

"뭐라고?"

세상에! 걸어서 교장실까지 왔단다. 나중에 담임 선생님에게 들어 보니 이 아이도 자기를 괴롭히는 남자아이를 일러 주러 교장실까지 용기를 내어 온 거란다.

그 아이도 이야기 교실에 자주 오던 아이다. 이야기 교실 덕분에 어느 정도 익숙해진 교장실로 억울하고 화나는 일을 일러바치러 온 거겠지.

그런데 교장이 어떻게 왔느냐고 다그치니 말문이 막힐 수밖에 없는 노릇이 아닌가. 어려움이 있으면 언제라도 찾아오라고 하던 교장이 말이다. 이야기 교실 때는 그렇게 조곤조곤 이야기를 잘해 주던 교장이 '어떻게 왔느냐?'고 온통 시비를 거니까 당황할 수밖에 없었던 거다.

이야기 교실이 만들어 준 재미나는 이야기들이다. 이야기 교실 덕분에 아이들 발걸음이 잦아졌다. 하지만 교장실 앞에서 망설이다가 문 한 번 열어 보지 못하고 발길을 돌린 아이도 있었겠지. 그렇지만 이야기 교실이 아이들과 동무하여 재미나게 교장 노릇 하도록 한 일임에는 틀림없다.

초콜릿 우유로
바꿔 주세요

　　전교 어린이회장단 선거가 끝나고 얼마 지나지 않은 어느 날 오후였다. 5학년 전교 남자 부회장에 당선된 민서가 소원이 있다면서 교장실로 찾아왔다. 소원이 있어서든 누구를 일러 주고 싶어서든 아이들이 교장실에 오는 건 반가운 일이다. 교장이 저희들에게 쓸모가 있다는 말이니까 그렇다.

　　"민서 소원이 무엇일까?"

　　민서 손을 잡고 둘이 마주 보고 앉았다.

　　"교장 선생님, 저어…… 교실에서 날마다 먹는 우유를 초코 우유로 바꿔 줄 수 없을까요?"

　　아닌 밤중에 홍두깨다. 전혀 예상치 못한 소원이다.

　　"초콜릿 우유로 바꿔 달라고? 별게 다 소원이네. 그렇게 먹고 싶으면 가게에 가서 사 먹으면 되잖아."

　　"그런 게 아닙니다. 제가 전교 부회장에 당선이 되면 흰 우유를 초코 우유로 바꿔 주겠다는 공약을 했거든요. 그냥 농담처럼 말한 건데 아이들이 공약을 안 지킨다고 날마다 못살게 해요. 사기꾼이라는 말도 해요. 아휴."

"뭣이, 선거공약?"

처음 듣는 말이다. 며칠 전에 끝난 전교 어린이회 회장과 부회장 선거 때로 기억을 더듬어 보았다. 선거 벽보에도, 입후보자 소견 발표에도 그런 공약은 없었다. 초콜릿 우유라는 말은 전혀 기억이 나지 않았다.

"민서야, 찬찬히 이야기해 보자."

어느새 민서 눈에 눈물이 글썽글썽했다. 민서는 울먹이는 목소리로 이야기를 시작했다. 선거 전 어느 날 교실에서 우유를 마시면서 농담처럼 당선만 되면 초콜릿 우유를 먹게 해 주겠다고 말을 했단다. 이 말이 다른 반 다른 학년까지 퍼져 나가서 공약처럼 되어 버렸단다.

요사이는 우유 먹는 시간만 되면 아이들이 언제 초콜릿 우유로 바꿀 건지 다그친단다. 그래서 우유 먹는 시간이 무섭다고 했다. 학교에도 오기 싫어진단다. 담임 선생님에게 부탁드려 보고 영양사에게 사정을 해 봤지만 우유 급식 규정 때문에 안 된다는 대답을 듣고 마지막으로 교장실에 온 거였다. 이야기가 절절했다.

"그랬구나! 그래서 걱정을 하고 있구나. 우유 급식 규정을 한번 자세히 살펴봐야겠다."

"교장 선생님, 초코 우유로 못 바꾸면 저는 전교 부회장도 못 하고, 학교에도 못 다녀요."

"너무 걱정 마라. 좋은 방법이 있겠지."

그렇게 자기 고민을 내 고민으로 만들어 놓고 민서는 교장실을 나갔다. 교장실 문을 나가는 민서 등을 어루만지며 너무 걱정하지 말라는 말을 붙여서 보냈다.

민서를 보내 놓고 교감, 담임, 영양사와 함께 교장실에 둘러앉았다. 영양사는 우유 급식 규정을 복사한 공문과 가게에서 아이들이 흔히 사 먹는 초콜릿 우유갑을 들고 왔다. 우유 급식 규정은 까다로웠다. 학교운영위원회 승인, 일주일에 한 번은 유제품 허용이라는 두 가지 조건까지는 괜찮은데 '설탕이나 첨가물이 들어 있지 않아야 한다'는 조건이 문제였다. 그런 초콜릿 우유는 없다면서 영양사가 여러 가지 첨가물이 깨알같이 적혀 있는 초콜릿 우유갑을 내놓았다.

영양사는 단호했다. 초콜릿 우유 급식은 안 된단다. 우유 급식 규정을 확인하는 걸로 회의는 끝났고 결론은 '안 된다'였다. 혹시나 방법이 있을까 기대를 가졌는데 큰일이다. 민서가 아니라 이제 내가 잠을 못 자게 생겼다.

뒷날 출근을 했더니 내 책상 위에 편지 한 통이 놓여 있었다. 민서 편지다. 우유 급식 규정 때문에 안 되면 한 달에 한 번씩 1학기만이라도 바꿔 달라는 내용이다. 편지에는 고민하고 걱정한 흔적이 묻어 있었다. 짠했다. 3월부터 방학하는 7월까지 손가락을 꼽아 보니 딱 다섯 번이다. 아무리 규정이 엄하기로서니 이 정도는 괜찮지 않을까 싶은 생각이 들어서 다시 모였다.

"달랑 다섯 번인데 어떻게 안 될까요?"

"어차피 아이들은 마트나 슈퍼에서 사 먹을 거잖아요. 불량 식품도 아니고요."

교감도 담임도 안타까운 마음이 들었는지 한마디씩 했다.

"안타깝지만 규정을 어겨 가면서 급식할 수는 없잖습니까?"

영양사가 안 된다면 안 되는 거다. 지나치게 규정에 매달리는 영양사가 야속하기도 했지만 달리 방법이 없었다. 인정으로 해결할 문제가 아닌 것은 맞다. 그다음 날 교감 선생님이 걱정거리 하나를 더 얹어서 교장실로 왔다.

"민서 일이 아무래도 걸립니다. 거짓 공약으로 당선되었다면서 혹시 낙선한 아이 부모들이 다시 선거를 하자고 나서면 어쩌나 걱정이 됩니다. 요사이 학부모들이 어지간해야지요."

교감 선생님도 걱정을 많이 한 모양이다. 이 말을 들으니 일리가 있는 걱정이다. 민주주의의 꽃은 선거라고 했는데 자치와 민주를 배우는 학교에서 선거를 두고 논란이 있어서야 되겠나 싶었다.

지역 선거관리위원회에 전화를 했다. 국장이라는 사람이 전화를 받아서 이야기를 다 듣더니 걱정 말란다. 선거공약을 지켜 내려는 민서가 책임감이 강하고 아주 훌륭한 학생이니 칭찬을 하는 게 좋겠단다.

그 뒷날 지나가던 길이라면서 선거관리위원회 국장이 교장실에 들렀다. 국장은 걱정을 하지 않아도 되는 까닭을 자세히 이야기했다.

"교장 선생님, 민서 학생이 참으로 대견합니다. 이건 보기 드문 모범 사례입니다. 앞으로 어디 가서 이야기할 때 이 사례를 많이 써 먹어야겠습니다."

"저도 대견하다는 생각은 합니다만 낙선한 아이 부모가 문제를 걸고넘어질까 걱정이 되어서 그렇습니다."

"하하하, 교장 선생님, 걱정 마십시오. 선거공약을 못 지켰다고 당선무효가 되는 법은 없다고 했잖아요. 선거공약 이행과 당락은 별개입니다. 오히려 거짓 공약에 속아 넘어간 유권자가 문제인 거지요."

"그건 어른들 경우지, 아이들은 다르잖아요?"

"마찬가지입니다. 거짓 공약을 해도 된다는 말이 아니라 공약과 당락은 별개이니 이 일을 두고 걱정할 필요가 없다는 말입니다."

그래서 결국 민서는 아침 방송에 나가서 사과를 했다. 선관위 국장은 사과 방송도 할 필요가 없다고 했지만 우리는 사과 방송을 하기로 결심했다. 민서는 울먹이며 진심을 담아 사과했다. 그 진정성이 교실에 있는 아이들에게 제대로 전해졌을 것이다. 유권자인 아이들도, 당선자인 민서도, 그리고 선생님들도 한 수 배운 초콜릿 우유 사건은 이렇게 마무리가 되었다.

초등학교 어린이 자치에 대한 이야기를 더 해 보자.

학급 회장이든 전교 회장이든 그 자리에 서게 되면 그게 벼슬이고 감투가 되어 군림하던 시절이 있었다. 자기는 청소를 하지 않으면서 몽둥이를 들고 청소를 시키고, 떠드는 아이 이름을 적어 선생님에게 일러바치는 일을 아주 당연하게 하던 자리가 그 자리였다. 요즘 그렇게 해서는 표를 못 얻는다.

학급이든 전교든, 회장이든 부회장이든 한번 해 볼 마음이 있다면 유권자들 마음에 드는 공약 하나쯤은 가지고 나서야 한다. 아이들이 내세우는 공약을 살펴보면 대략 '심부름꾼이 되겠다' '봉사를 하겠다' 두 가지로 간추려진다. 군림하거나 잘난 체하는 게 아니라 어릴 때부터 심부름하고, 봉사하면서 회장이나 부회장을 해 보겠다는 건 바람직한 일이다. 학급 임원이든 전교 임원이든 그런 생각을 바탕으로 지도자로 서야 한다.

우리 학교에서는 일 년에 두 번씩 학기별로 치르는 전교 회장과 부회장 선거 때는 방송 토론을 했다. 학급 회장과 부회장 선거는 교실에 한정되어 공약이 담긴 소견 발표만으로도 유권자가 선택을 할 수 있지만 전교 회장과 부회장 선거는 다르다. 같은 학급과 학년을 넘어 다른 학급과 학년 아이들에게도 제대로 자기를 알려야 한다. 4학년 유권자가 6학년 후보자를 잘 알 턱이 없다. 벽보도 붙이고 손팻말을 흔들며 선거운동을 하지만 그것만으로는 부족하다. 교실에서처럼 공약을 담은 간단한 소견 발표를 할 수도 있지만 유권자들의 선택에 별 도움이 되지 않는다.

소견 발표문이라는 건 얼마든지 부모들이 대신 써 줄 수 있다. 학원에서 대신 써 준다는 말도 들었다. 그래서 즉석에서 내놓은 주제로 토론하는 방송 토론을 선거 필수 과정으로 정했다. 토론 주제를 두고 후보자들이 자기주장을 펼치는 것을 보게 해 유권자들에게 판단할 수 있는 기회를 넓혀 주려고 한 것이다.

토론 주제는 방송을 시작할 때까지 모두에게 비밀이다. 전교 어린이회 담당자 말고는 아무도 모른다. 토론하는 사람에게 주제를 알려서 미리 충분한 자료를 준비할 수 있도록 하는 게 맞지만 그렇게 하면 부모들이 끼어들기 마련이다. 도와줄 부모가 없는 아이는 불리해질 수밖에 없다. 선거는 무엇보다 공정을 넘어 공평해야 한다. 즉석에서 토론 주제가 발표되면 후보자들은 당황하지만 그래도 아이들은 나름대로 자기 생각을 펼친다.

어느 학교든 학기 초에 하는 대표자 선거 절차는 아주 훌륭하다. 공정 선거를 위해 선거관리위원회도 만들고, 선거 벽보 규격이나 선거운동 규정도 정한다. 소견 발표나 방송 토론을 하고, 투표장도 일반 선거관리위원회 도움을 받아 그럴듯하게 꾸민다. 개표도 공정하게 한다. 이만하면 훌륭하다.

그런데 민주와 자치는 대부분 여기까지다. 자치활동을 통해서 민주의 삶을 직접 겪어 보게 하는 것은 그다음이 중요하다. 선거에서 뽑힌 대표들이 제대로 봉사하고 심부름할 수 있는 기회와 환경과 바탕을 마련해 줘야 한다. 자존감과 긍지를 갖고 아이들이 자율로 결정하고 자치활동으로 실천할 수 있는 봉사거리와 심부름거리가 있어야 한다. 그럴 만한 일거리가 없으면 일부러 만들어서라도 줘야 한다. 선생님들이 결정할 일을 일부러 떼어서라도 아이들에게 맡겨 보는 게 좋다.

회장이나 부회장은 주어진 일을 책임 있게 하고, 유권자인 아이들은 자기가 뽑은 회장이나 부회장이 주어진 일을 해내는 모습을 보기도 하고 참여도 하면서 학교생활을 한다.

우리 학교에서는 학급 회장이나 전교 회장이 되면 학생들의 대표라는 존재감을 갖고 결정하고 해결할 일거리가 하나 주어진다. 전교 어린이회에서 다달이 과제를 정해서 토론으로 최종 결정하는 일이 그것이다. 다달이 하는 토론 과제 진행은 이러하다.

1. 전교 어린이회에서 다달이 토론 과제를 정해서 발표한다.
2. 과제가 정해지면 전교생은 혼자 생각해 보기, 집에서 식구들과 의논해 보기, 또래들과 의견 나누어 보기를 한다. 그런 다음에 학급 어린이회에서 토론으로 의견을 모은다.
3. 전교 어린이 회의에서 토론으로 최종 결정한다.
4. 학교에서는 전교 어린이 회의에서 결정된 과제를 실천으로 옮길 수 있도록 행정 재정으로 뒷받침한다.

전교 어린이회에서 토론 과제를 정해서 발표하면 학교에서는 한 달 동안 그 과제에 대한 생각들이 활발하게 오가도록 분위기를 만들어 준다. 전교 어린이회에서 정한 과제를 두고 혼자서 생각해 보고, 집에서 식구들 의견도 들어 보고, 또래들과 생각도 나눠 보고, 학급 어린이회에서 학급 의견을 모아 보는 과정을 거친 다음에 전교 어린이 회의에서 본격 토론을 해야만 그 결과에 힘이 실린다. 선생님들이 결정할 일도 자치와 자율과 민주의 삶을 배우고 익힐 공부거리로 가끔은 아이들에게 넘겨주는 것도 필요하다. 학교가 속도나 효율성만 좇아서는 안 되기 때문이다.

이런 절차를 거쳐서 열리는 전교 어린이 회의는 모든 아이들의 관심거리가 된다. 학교에서 다달이 맞는 큰 행사가 된다. 선생님들도 촉각을 곤두세우고 전교 어린이 회의 결과를 지켜본다. 결과에 따라 학교나 교실이 크게 요동칠 수도 있기 때문이다.

아이들이 스스로 토론하여 결정하는 과제는 참으로 다양했다. 아침 독서 시간에 만화책을 보아도 되는지부터 시작해서, 손 전화 쓰기, 염색과 화장, 슬리퍼로 실내화 대신하기, 급식 시간에 먹기 싫은 반찬 처리 문제, 빼빼로 데이 챙기기, 아이들끼리 높임말 쓰기, 자전거 등하교, 요일별 운동장 나눠 쓰기, 복도에서 조용히 다니기까지……. 토론 과제를 아이들 스스로 정하다 보니까 주로 아이들이 학교에 요구하는 내용이 중심이지만 대견하게도 자기들의 책임과 의무를 토론 과제로 정하기도 했다. '복도에서 조용히 다니기' '아이들끼리 높임말 쓰기' 같은 게 그것이다.

월별 토론 과제로 자치와 자율을 익히는 것도 중요하지만 선거 때 약속한 공약을 책임 있게 실천하는 것 또한 중요하다. 때에 따라서는 학급이나 학교에서 뒷받침해 주기 어려운 공약도 있을 수 있지만 어지간하면 약속을 지킬 수 있도록 담임이 앞장서서 도와주어야 한다.

이를테면 학급 피구 대회를 열겠다는 공약을 내세운 학급 회장이나 부회장이 있다면 담임 선생님이 살펴서 그런 시간을 마련해 준다. '아무리 회장이라지만 담임이 할 일을 건방지게……' 이렇게 생각하면 교실에서 회장이나 부회장이 할 일은 거의 없다. 자치를 몸으로 겪으며 익힐 기회가 없어지는 것이다. 교실은 민주주의자를 키우는 가장 알맞은 공간이다.

아이들 스스로 토론 과제를 정하고 실천하게 하는 데는 어지간히 공을 들이지 않으면 한두 번 흉내만 내거나 무늬만 토론으로 그치고 만다. 토론이 문화가 될 정도로 아이들 몸에 배게 되면 학교는 온통 토론 분위기가 되어 선생님들과 학부모들에게까지 전염된다. 실제로 여름방학을 앞두고 과제를 어떻게 내고, 어떻게 처리해야 할지, 도대체 과제가 교육적으로 어떤 의미인지 선생님들이 모여서 긴 시간 토론하기도 했다.

학부모들도 운영위원장이 중심이 되어 토론회를 여러 번 열었다. 가장 먼저 연 토론 주제는 '현장학습' '사교육 문제'였다. 아버지 토론회에는 아버지들이 주로 참여했지만 어머니들도 토론을 들으려고 참석했다. 나도 끝까지 참석했고 토론을 마치고는 학교 앞 막걸리 집에서 격려해 주었다.

전교 어린이회에서 하는 토론을 아이들은 재미있어 했다. 전교 어린이회 대표로 참석하는 아이들도 재미있어 했지만 지켜보는 모든 아이들에게도 결코 남의 일이 아니었다. 자기들의 목소리가 학교 공동체 안에서 버젓이 실천되는 것을 본 아이들은 학교를 믿고, 학교의 당당한 주인이 된다. 여기에 선생님은 물론 아버지와 어머니들까지도 관심을 보여 주는데 어찌 신나지 않을 수 있을까. 이보다 큰 재미가 어디 있겠는가. 자존감과 긍지를 바탕으로 한 가슴 설레는 재미다.

비록 기성세대인 우리들이 학교 공동체 안에서 민주로 살아가는 모습을 제대로 보여 주지는 못했을지라도 아이들 스스로 민주의 삶을 '겪어서 배우고 익힐' 수 있는 교육 환경을 만들어 주어야 하지 않을까? 그게 학교 문화가 되도록 말이다.

도덕 시간이 된
운동회

일 년 동안 해 나갈 교육 계획을 짜기 위한 워크숍에서 운동회를 가을에 하는 게 좋을지 봄에 하는 게 좋을지 의논했다. 가을보다는 봄에 하는 게 좋다는 의견이 훨씬 많았다. 까닭은 가을에는 예술제라는 큰 행사가 있어서 운동회를 봄으로 당겨서 하는 게 낫단다.

가을 운동회 쪽에 손을 드는 선생님도 몇 있기는 했다. 나도 가을 운동회가 더 낫다는 쪽이었다. 그 까닭은 두 가지다. 몸을 많이 움직여야 하는 운동회는 나른한 봄보다는 아무래도 서늘한 가을이 기운을 돋워 주어 더 좋다. 또 하나는 운동회를 가을 예술제에 포함시켜서 하면, 운동회 따로 예술제 따로 하는 것보다 일도 덜게 되고 잔치도 더 풍성해질 것 같아서다. 그렇지만 수에 밀려 봄 운동회로 결정이 되었다.

오래전부터 운동회는 가을에 했다. 학교행사 가운데 아이들이 잠까지 설쳐 가면서 기다리는 게 운동회와 소풍이다. 소풍과 운동회는 봄과 가을에 각각 두 번씩 있었다. 소풍은 봄 소풍이 큰 잔치였고, 운동회는 반대로 가을 운동회가 큰 잔치였다.

가을 소풍은 봄 소풍에 견줘 시시하고, 봄 운동회도 가을 운동회에 델 바가 아니다. 봄 운동회는 그냥 달리기하는 정도로 끝내는 작은 운동회라고 해서 '소운동회'라고 했다. 그에 견줘 가을 운동회는 대단하다. 학교 안 잔치에 그치지 않고 온 마을이 함께 참여하는 큰 잔치다. 이름도 크다는 '대(大)' 자를 넣어서 '가을 대운동회'라고 붙였다.

대운동회가 봄으로 옮겨지면서 봄에 하던 작은 운동회처럼 규모가 쪼그라들었다. 쪼그라들기로는 운동회보다 소풍이 더하다. 김밥 싸서 등에 메고 손잡고 노래 부르며 산과 들과 시냇가를 찾던 소풍은 공부하러 가는 현장학습에 자리를 내주고 말았다. 밤잠 설치며 기다리던 소풍도 이제는 '놀이'가 빠지고 '학습'이 붙어 현장학습이라는 이름으로 겨우 명맥을 이어 간다.

소풍과 운동회는 초등학교 때를 아련하게 떠올릴 수 있는 추억거리들을 쌓는 시간인데 아쉽다. 이름은 달라졌지만 현장학습이란 게 있고, 봄으로 옮겨진 운동회에서 '청군 이겨라!' '백군 이겨라!' 하는 함성이 이어지기는 하니까 그나마 다행이라고 생각해야 할지 모르겠다.

가을에서 봄으로 옮겨진 봄 운동회 날이었다. 쪼그라들기는 했지만 일 년에 딱 한 번뿐인 운동회에 앞서 다섯 가지를 결정했다.

1. 아이들이 신나게 노는 운동회가 되게 한다.

2. 행사 진행은 전문 업체 도움을 받는다.

3. 날짜는 학부모들이 많이 참여할 수 있는 5월 1일 노동절로 한다.

4. 점심은 가족 나들이 기분을 내도록 학교 급식을 하지 않는다.

5. 선생님들과 손님들 점심은 출장 뷔페로 한다.

운동회 진행을 전문 업체에 맡기는 문제를 두고 논의가 길었다. 학교행사에 장사꾼을 불러들이는 것은 생각해 볼 문제라는 의견과 수업 시간에 '학습 도우미'를 쓰듯이 전문 업체도 그렇게 생각하면 된다는 의견이 맞섰다. 둘 다 틀린 말은 아니다. 교사가 수업 효과를 높이기 위해 수업에서 학습 도우미를 쓰듯이 생각하자는 말도 맞고, 운동회에 장사꾼이 끼어드니 찜찜하다는 생각도 일리가 있다. 둘 다 교육이라는 잣대는 같지만 업체를 보는 인식과 관점의 차이는 있을 수 있다. 선생님다운 의견이고 토론이다. 토론 끝에 전문 업체를 쓰자는 쪽으로 의견이 기울어져 그렇게 결정했다.

나도 수업 시간에 학습 도우미를 쓰는 정도로 보았다. 요사이는 가정 행사에도 음식, 장소, 진행까지 전문 업체의 도움을 받는 경우가 많다. 전문 업체 도움이 없는 잔치는 푸짐하면 푸짐할수록, 흥겨우면 흥겨울수록 음식을 장만하는 사람들이나 앞에서 준비하는 사람들은 힘이 많이 든다. 손님 자리에서 봐서 푸짐하고 화려한 잔치일수록 준비하고 접대하는 주인은 골병이 든다는 말이다.

잔치는 손님도 손님이지만 준비하고 맞이하는 사람도 즐거워야 한다. 어느 한쪽이라도 골병이 드는 잔치는 신나는 잔치도 흥겨운 잔치도 아니다. 보여 주고 접대하는 껍데기 잔치이기 쉽다.

본부석에 앉은 몇 사람들과 학부모들, 마을 사람들에게 보여 주는 운동회를 하던 시절이 있었다. 준비하는 선생님은 힘들었고, 구경꾼을 위해 애써야 하는 아이들은 고생했다.

이제는 그런 운동회에서 많이 벗어났다고는 하나 아직도 오래된 관습을 버리지 못하고 이어져 내려오는 것들이 남아 있다. 아이들과 함께하는 운동회 내용에 집중해야 할 선생님이 만국기를 내걸고, 풍선을 불어 매달고, 본부석을 꾸미는 데 매달리게 하는 게 그것이다. 자기들 잔칫날인데도 하루 종일 응원석에 앉아서 응원 노래와 몸동작을 지겹도록 해야 하는 것도 바람직하지 못하다. 고쳐 나가야 할 운동회 모습이다.

이런 것은 전문 업체에 맡겨 해결할 수 있는 일들이다. 전문 업체를 적극 활용하기로 했다. 선생님과 아이들을 편하게 하는 것이 좋은 운동회란 말이 아니다. 주인공인 아이들이 운동회 종목에 주체로 참여하고 집중하여 더욱 신나고 재미있게 운동회를 펼치는 게 중요한 일이다. 운동회의 주연은 당연히 아이들이고 연출은 선생님들이다. 전문 업체 일꾼들이 아무리 좋은 기술과 기계로 쿵작거린다고 해도 그들은 도우미다. 병원에 있는 최첨단 의료 기기나 전문 검사 요원이 의사의 진료를 돕는 역할인 것과 마찬가지다.

잔치에는 먹을 것도 많아야 한다. 학교 급식실에서 특식으로 준비하자는 의견도 있었다. 집집마다 도시락을 준비하면 학부모들에게 큰 부담을 준다는 까닭에서였다. 그렇지만 반대 의견이 더 설득력 있었다. 노동절이라서 대부분 학부모들이 쉬는 날일뿐만 아니라 하루 정도는 좋아하는 음식을 직접 준비해서 가족 나들이 하는 기분을 내도록 하는 것도 좋겠단다. 그 정도를 두고 부담이라고 할 수 있겠냐는 거였다. 요사이는 김밥을 쉽게 살 수 있어서 음식 마련이 어려운 집에서도 얼마든지 해결이 가능하단다. 또 급식실에서 일하는 분들도 노동절에 쉬는 게 좋겠다는 말에 모두가 고개를 끄덕였다.

전문 업체에서 운동회 며칠 전부터 학교 지붕 위에 커다란 풍선을 높이 띄워 잔치를 알렸다. 잔치는 하루지만 흥겹고 신나는 기분은 당겨서 미리부터 맛보게 하는 게 좋다. 기대와 설렘의 시간은 길수록 좋다. 들뜨지 않고 평소처럼 차분하게 공부하다 운동회 당일만 신나게 놀면 그게 무슨 잔치인가? 그러기에는 일 년에 딱 한 번 하는 운동회가 너무 아깝다. 운동회 때문에 들뜬 기분은 공중에 뜬 큰 풍선에도, 아이들의 소통 칠판에도 보였다.

'5월 1일 운동회 날, 비 오지 않도록 해 주십시오.'

소통 칠판에 이런 글이 쓰여 있다. 얼마나 운동회를 간절히 기다렸으면 이런 글을 다 썼을까? 학교와 선생님은 오는 비도 멎게 하는 힘이 있어야 했다.

드디어 5월 1일 운동회 날이다. 아이들 바람대로 날씨는 맑았다. 업체에서 내걸어 놓은 만국기와 풍선, 그리고 신나고 경쾌한 음악 때문에 저절로 발걸음에 주적주적 리듬과 박자가 들어간다.

"여러분 바람대로 비 오지 않도록 했습니다."

운동회를 여는 인사말을 이렇게 시작했다. 아이들이 '와아' 웃었다. 웃음으로 운동회를 시작했다. 노동절이라서 학부모들이 많이 모였다. 학부모들이 참여하는 프로그램도 많고, 또 놀이마당 몇 가지는 학부모들이 맡아서 했다. 운동회는 재미있게 진행했다.

토요일이라서 오후가 되자 중학생 아이들도 구경 와서 운동장을 가득 메웠다. 응원석을 뜨겁게 달군 청백 이어달리기가 끝나고 학반별 경기를 마지막으로 펼쳤다. 이 학반별 이어달리기가 청백 이어달리기보다 더 관심을 끈다. 한 학년이 딱 세 반이어서 1반, 2반, 3반의 대결이다. 학반별 이어달리기로 운동회 마지막을 장식하는 건 이 학교 전통이다. 뻐끔뻐끔 이가 빠졌던 응원석이 스스로 질서 있게 정돈되었다. 자기 학반과 같은 숫자를 달고 출전한 선수를 응원하기 위해서다. 선수들이 등에 1반, 2반, 3반 표시를 달고 출발선에 학년별로 모였다.

"1반 이겨라!"

"2반 잘한다!"

"3반 승리다!"

경기를 시작하자마자 운동장이 떠나갈 듯이 응원 소리가 높았다. 학년 관계없이 모두가 자기 학반과 같은 반 선수를 응원했다. 아이들뿐만 아니라 구경하던 학부모들도 분위기에 묻혀 하나가 되는 시간이다. 아이가 둘 이상인 학부모들은 부부가 저마다 나뉘어 응원을 하기도 했다.

마지막 주자로 6학년 선수들이 이어받았다. 덩치가 큰 6학년들이 자기 반의 승리를 위해 이를 악물고 달렸다. 1등은 일찌감치 반 바퀴 이상 앞서 달리고 있었다. 뒤따르는 선영이와 새롬이가 간발의 차이로 2등을 다투었다. 직선 코스를 지나서 곡선 코스로 접어들었다. 두 아이가 몸을 바짝 붙여서 곡선을 돌았다.

"1반 이겨라!"

"2반 이겨라!"

"3반 이겨라!"

응원 소리가 더욱 높아졌다. 그때였다. 거의 나란히 달리던 선영이가 새롬이를 앞지르려고 힘을 내는 순간, 새롬이가 다리를 휘청거리면서 넘어지고 말았다. 선영이 몸이 새롬이에게 부딪친 거다. 배턴은 배턴대로 땅에 떨어져서 뒹굴었고, 새롬이도 떼굴떼굴 뒹굴고 말았다. 선영이는 비틀비틀했지만 넘어지지는 않았다.

이제 1, 2, 3등은 결정이 난 거나 다름없었다. 그런데 우리 눈을 의심할 만한 일이 벌어졌다. 그냥 그대로 달리기만 하면 2등은 따 놓은 선영이가 걸음을 뚝 멈춘 것이다. 그리고는 뒤돌아 주춤주춤 가더니 배턴을 주워 새롬이에게 쥐어 주는 게 아닌가. 다행히 새롬이는 많이 다치지 않았지만 절뚝거리며 끝까지 달렸다. 숨죽이면서 이 순간을 지켜보던 아이들과 학부모들, 선생님들이 손뼉을 쳤다.

운동경기를 하는 선수는 이기는 게 목표다. 규칙을 어기지 않는 한 모든 수단과 방법을 다 써서 이기려고 한다. 그러니까 등수가 정해진 운동경기에는 규칙만 있을 뿐 양보와 배려라는 건 없다는 말이다. 오직 이기기 위해 최선을 다할 뿐이다. 운동회를 시작할 때 선수 대표들이 나와서 '규칙을 지키며 정정당당하게 최선을 다하겠다'는 서약부터 하는 게 그런 까닭이다.

달리기에서 자기 코스가 따로 없는 운동장 곡선 트랙에서는 자주 몸싸움이 일어난다. 넘어져 부상을 입기도 한다. 이는 국가대표들이 참가하는 국제 대회에서도 있는 일이다. 우리는 빙상경기인 쇼트트랙에서 그런 상황을 많이 봤다. 자기 코스가 없는 곡선 부근에서 앞

지르기를 할 때는 앞에 달려가는 선수를 바깥으로만 따라잡으면 반칙이 아니다.

그러니 새롬이와 선영이는 누구도 이 규칙을 어기지 않았다. 정당했다. 그런 까닭에 선영이는 넘어진 새롬이를 여유 있게 따돌리고 정정당당하게 2등으로 달릴 수 있었다. 6학년이면서 학반 대표 선수로 나선 선영이가 그 규칙을 모를 리가 없다. 그런데 선영이는 넘어진 새롬이에게 배턴을 가져다준 다음에 달린 것이다.

"감동이 가슴을 진하게 울리는 운동회입니다. 오늘 우승은 6학년 모두에게 줘야 할 것 같습니다."

운영위원장이 본부석에서 지켜보며 한 말이다.

운동회 폐회사를 할 때 전교생을 자리에 앉게 하고는 새롬이와 선영이를 일어서게 했다. 그리고 그 아름다웠던 상황을 더 자세히 들려줬다.

"양보와 배려는 도덕 교과서에만 있는 게 아니라 등수를 다투는 달리기에서도 있었습니다. 최고 학년인 6학년이 이것을 모범으로 보여 주었습니다. 이런 6학년을 보고 1, 2, 3, 4, 5학년은 어떤 느낌을 가졌는지요. 무엇을 배웠는지요. 우리 모두에게 감동과 큰 가르침을 준 두 사람에게 크게 손뼉을 쳐 줍시다."

여기저기서 손뼉과 함께 함성이 울려 퍼졌다. 어떤 학부모들은 감동해서 눈물까지 흘렸다. 그날은 토요일이라서 중학생들도 구경을 하러 많이 왔다.

"또 칭찬받을 사람이 있습니다. 관중석에 섞여 있는 중학생들은 지금 운동장으로 나오세요. 줄은 서지 않아도 됩니다. 6학년 동생들의 멋진 모습을 봤지요? 6학년들의 이런 아름다운 모습은 도대체 어디에서 온 것일까요? 바로 선배인 중학생 여러분들에게 배운 겁니다. 여러분들이 초등학교에 다닐 때 동생들에게 모범을 잘 보여 준 덕분입니다. 이런 것을 두고 아름다운 전통이라고 합니다. 선배들이 잘할 때 동생들은 따라서 잘하게 됩니다. 따라쟁이 동생들이 장하지 않나요? 앞으로도 자주 학교에 와서 동생들에게 도움을 주는 선배가 되면 좋겠습니다. 이 학교는 여러분의 고향입니다. 자랑스러운 중학생들에게도 크게 손뼉을 쳐 줍시다."

운동장에 있는 아이들과 관중석에 앉은 학부모들이 모두 크게 손뼉을 치면서 함성을 질렀다. 만세를 부르는 학부모들도 있었다. 선영이와 새롬이 덕에 정말 감동 넘치는 운동회가 되었다.

"우리 학교 졸업생은 학교에 와서 해코지나 저지레를 못 하겠어요. 그렇게 칭찬을 받아 놓고 어째 나쁜 짓을 하겠어요. 안 그렇습니까?"

"맞아요. 오늘 어깨가 으쓱해졌을 걸요."

"교장 선생님은 정말 고단수네요."

뒤풀이 시간에 운영위원장과 학부모들이 나눈 말이다.

퇴직한 뒤에 후배 교장 선생님을 만난 자리에서 운동회 이야기가 나왔다. 봄으로 옮겨 온 운동회가 이제는 아예 없어지게 되었단다. 미세먼지 때문이란다. 지난해에 미세먼지 예보 등급이 나쁨 단계일 때 운동회를 했는데 하루 종일 민원 전화로 몸살을 앓았단다. 민원은 그날에 그치지 않고 운동회가 끝나고도 오랫동안 이어져서 어려움이 컸던 모양이다. 그래서 올해는 학부모들에게 미리 설문을 받았는데 70퍼센트가 넘는 학부모가 반대를 해서 어쩔 수 없이 강당에서 학년별로 하기로 했단다.

미세먼지가 아이들을 교실에 묶어 둔다는 말은 들었지만 운동회마저 방해하다니 슬프다. 학교에 잔치가 다 없어져 간다. 초등학교 때의 아름다운 추억은 가슴 깊숙이 남아 평생을 살아가는 힘이 되는 법인데 안타깝다. 손가락 꼽고, 잠 설치게 하는 설렘이 학교에는 이젠 없다. 일 년에 몇 번씩은 설레는 가슴으로 학교에 가는 맛이 있어야 우리 학교, 좋은 학교가 될 텐데.

우리 아이들의 행복 지수가 세계에서 꼴찌라는 부끄럽고 걱정스러운 통계가, 없어져 가는 소풍과 운동회와 자꾸만 겹쳐 떠오른다.

아이들과 헤어지기

6학년 열 개 반 아이들 모두를 시청각실에 모아 놓고 수업을 한 시간 했다. 중학생이 되는 게 두렵다는 아이들이 많았다. 늘어나는 학습량, 새로 사귀어야 할 친구, 선배와 관계 맺는 것을 생각하면 마냥 설렐 수만은 없을 것이다. 그렇더라도 걱정과 두려움으로 새로운 출발을 한다는 말은 그냥 지나쳐 들을 일이 아니었다.

'너무 두려워 마라' '누구나 다 겪는 일이다' 이런 이야기라도 해 주고 싶어서 6학년 선생님들에게 부탁을 해서 시간을 얻었다. 자칫하면 너무 고리타분한 교훈이 될 듯해서 내가 중학교에 다닐 때 실수했던 몇 가지 이야기를 먼저 내놓았다.

처음 가는 길은 누구나 낯설고 두려움이 앞선다. 그러나 막상 가 보면 생각만큼 미리 겁먹을 필요가 없었다는 걸 알게 될 것이다. 주사 맞을 때 누구나 겁먹지만 막상 맞고 나면 따끔한 정도라서 속으로 '괜히 겁먹었네' 한 경험이 있지 않나. 처음 가는 길은 걱정과 두려움도 있지만 기대와 설렘도 있는 법이다.

초등학생, 중학생, 고등학생, 대학생, 직장, 결혼……. 삶에는 시작과 끝으로 이어지는 매듭이 수없이 많다. 다 처음 가는 길이다. 그럴 때마다 두려움을 갖는다면 살아가는 자체가 걱정거리가 된다. 너무 걱정 마라. 모두가 가는 길이고 다 가 볼 만하다. 이런 이야기를 했다. 아이들이 잔소리로 들었을지 모르겠다. 그러하더라도 들려주고 싶었다. 잔소리 안 하는 어른 어디 있고, 잔소리 안 듣고 자라는 아이가 어디 있겠는가.

방학식을 하는 자리에서 아이들에게 마지막 인사를 했다. 퇴임은 한 달 남았지만 방학 기간이라서 아이들과 만남은 마지막이다. 전교 회장이 편지를 읽었고, 부회장이 꽃다발을 준비했다. 합창부 아이들이 '스승의 은혜' 노래를 불렀다.

마지막으로 아이들 앞에서 마이크를 잡았다. 학년이 올라가고, 나이를 먹는 것은 축하할 일이다. 마찬가지로 내 퇴임도 서운하기보다는 축하를 받을 일이다. 아주 태연한 척하면서 평소 모습을 잃지 않도록 애썼다. 늘 자주 하던 이야기 세 가지를 말했다.

1. 아침에는 스스로 일어나세요.
2. 아침밥을 꼭 챙겨 먹고 학교에 다니세요.
3. 아침에 똥 누는 것 잊지 마세요.

'아침에 똥을 누는 버릇 들이기.' 자주 했던 이야기지만 마지막으로 또 강조했다. 아이들과 처음 만났을 때도 똥 이야기로 시작했고 아이들과 헤어지는 날도 똥 이야기로 마무리했다.

교장이 떠난다는 말을 듣고 1학년 4반 아이가 넘어갈 듯이 울다가 쓰러져서 보건 선생님이 달려가기도 했다. 나도 눈물이 나왔다. 교장실에서 혼자 찔끔했다. 정말 아이들과 이게 마지막이다.

제2장

정다운
선생님

즉시 교무실로
오시기 바랍니다

교장이 되고 첫 관외 출장을 갔다. '학교장 리더십'이라는 연수에 참여하기 위해서다. 신규 교장 가운데 몇 사람이 지명이 되었다. 사흘 동안 서울 서초구 우면동에 있는 교육과학기술부 연수원에서 했는데 연수 일정이 빡빡했다. 하루 일고여덟 시간 교육으로 짜여 있었다.

첫날 마지막 시간에 교육과학기술부 차관이 특강을 했다. 주제는 '인재 대국'이다. 파워포인트를 띄워서 15분 정도 강의하고, 35분 동안 묻고 답하는 50분 강의였다. 50분 내내 일방으로 듣는 강의보다는 문답 시간이 길게 잡혀 있어서 좋았다. 그런데 파워포인트 첫 화면을 보고 깜짝 놀랐다.

'교육으로 가난의 대물림을 끊자.'

첫 화면에 큰 글씨로 이렇게 쓰여 있었다. 교육이 희망이 되려면 개천에서 용이 나도록 해야 하고, 지긋지긋한 가난에서 벗어날 수 있는 수단이 되어야 한다고 했다. 무슨 사교육 학원 홍보 강의인가 하는 착각이 들 정도였다. 선뜻 이해가 되지 않았다.

개천에서 노닐던 보잘것없는 송사리가 교육 덕분에 용이 될 수도 있고, 지긋지긋한 가난에 시달리던 사람들도 교육을 잘 받아 부자가 된다면 그건 좋은 일이다.

그렇지만 한 나라 교육 차관이라는 사람이 새 정부 교육 방향과 정책을 한마디로 정리하여 첫머리에 내놓는 말로는 적당하지 않다는 생각이 들었다. '부자 되세요!'라는 유행어와 자꾸 겹쳐 떠올랐다. 새해 덕담으로도 경박하다 싶은 이 '부자 되세요'를, 국정 지표로 떡하니 내세운다면 어떨까? 그게 말이나 될까? 질문 시간에 손을 들어 마이크를 잡았다.

"'교육으로 가난의 대물림을 끊자'는 말이 어떻게 우리 교육이 나아가야 할 방향이 되어야 하는지 아무리 생각해도 이해가 되지 않습니다. 어찌 돈 한 푼 더 벌도록 하자는 게 우리 공교육이 나아가야 하는 방향이 될 수 있다는 말입니까?

홍익인간, 자아실현, 민주 시민 기르기 같은 가치를 우리 교육의 큰 방향으로 알고 삼사십 년을 선생한 사람으로서는 듣기가 아주 거북하고 민망합니다.

돈 한 푼 더 버는 게 교육 방향이라면 그건 공교육보다는 사교육에 더 어울리는 말이지 싶습니다. 가난한 서민들에게 용기를 주려고 내놓은 것인 줄로는 알지만 그게 정부의 교육 방향이라고 홍보한다면 정말 '우리 새 정부'가 교육철학이 없다는 말을 듣게 되지 않을까 걱정이 됩니다."

새내기 교장이 차관에게 따지듯이 듣기 싫은 소리를 하는 것 같아서 정부 앞에 '우리'라는 말을 넣어서 물었다. 답변은 길었다. 우리나라 교육 이념과 기르고자 하는 인간상을 들어 가며 설명하기는 했지만 아무래도 제대로 된 답변은 아니었다. 답변을 마치면서 차관이 질문한 나를 보며 이런 말을 했다.

"무슨 질문인지는 알겠습니다."

무슨 질문인지는 알지만 그에 맞는 대답이 아니라서 미안하니 이해를 해 달라는 말이다. 자기가 동문서답한 걸 안다는 거다.

이튿날 마지막 시간에는 '학교 자율화 정책의 이해'라는 주제로 교과부에서 나온 학교 자율화 추진 담당관이 강의를 했다. 100분 강의인데 40분은 강의, 60분은 질문 시간이었다. 이번 연수는 연수생들에게 질문할 기회를 많이 주었는데 그건 아주 좋았다. 담당관의 강의를 들으니 하고 싶은 말이 떠올라서 질문 시간에 또 마이크를 잡았다. 질문이 아니고 그냥 하고 싶은 말이었다.

"학교 단위로 교육과정을 융통성 있게 자율 운영하도록 하자고 6차 교육과정 때부터 '재량' 시간을 넣어 배정해 두었는데 그걸 일선 학교에서 제대로 쓰지 못하도록 교과부에서 몽땅 빼앗아 가고 있는 걸 아시지요? 6차 교육과정 때 처음으로 재량 시간 한 시간 줘 놓고 세계화 교육한다고 영어 시간으로 빼앗아 갔고, 7차에서는 100퍼센트 늘려 놓고는 그 시간을 아이시티(ICT, 정보통신기술 교육) 한 시간, 진로 교육이니 보건 교육이니 하면서 또 한 시간 이렇게 다 빼앗아 갔습니다.

이번에 다시 20퍼센트 재량 시간을 늘린다고 하지만 미덥지 않습니다. 재량 시간 운영이 중고등학교는 교과 간 갈등, 초등학교는 학부모와 갈등을 가져오게 하지만, 그래도 이처럼 빼앗아 가지만 않는다면 스스로 갈등을 해결하여 제대로 잘 쓸 것입니다. 제발 일선 학교에서 재량 시간을 제대로 쓰도록 가만히 두면 좋겠습니다. 그게 학교 자율화를 돕는 일입니다."

연수 마지막 날 마지막 시간에는 서울 무슨 초등학교 교장이 학교 안 갈등 해결 사례를 발표했다. 그런데 그분이 말끝마다 전교조 선생님들을 깎아내리고 무시하는 말을 거침없이 해 댔다. 듣기에 민망할 정도였다. "어느 학교든 호로 놈이 몇 놈 정도 있기 마련이잖아요." 말을 해도 이런 식이다. 듣다 못한 어느 교장 선생님이 점잖게 자제해 달라고 요구하기까지 했다. 저런 자세로는 없던 갈등도 만들고 말겠다 싶었다.

연수를 마치고 돌아오는 길에 문경 휴게소에 들러 한 봉지에 삼천 원 하는 문경 특산물 오미자 젤리 여덟 봉지를 샀다. 선생님들에게 줄 주전부리다. 학년에 한 봉지씩 그리고 교무실과 행정실에 한 봉지씩 나눠 주려는 거다.

출장 갔다가 오후에 들어갈 때면 이런저런 주전부리를 들고 가서 나눠 먹는 재미가 아주 쏠쏠하다. 어릴 때 나들이 갔던 아버지가 먹을 것을 사 들고 오는 것만 같다는 말을 언젠가 교감 선생님이 했던 게 생각나서 더 자주 사 오게 된다. 싸고 양이 많은 붕어빵, 군밤, 순대, 찐빵 같은 게 단골 메뉴였다. 그런 날에는 교감 선생님이나 교무부장이 어김없이 이런 방송을 했다.

"각 학년 1반 선생님과 행정실에서는 지금 즉시 교무실로 오시기 바랍니다. 즉시입니다."

여기서 재미있는 말은 '즉시'다. 이건 암호였다. 무슨 공적인 일거리가 있어서 모이라는 게 아니라 먹을거리를 나눠 주겠다는 말이다. 아이들 모르게 군것질을 하자는 아주 은밀한 이 암호 방송을 선생님들은 당연히 좋아했다.

다음 날 문경 휴게소에서 산 주전부리를 들고 출근했다.

"별일 없었지요?"

출근하는 내 뒤를 따라 교장실까지 온 교감 선생님에게 이렇게 물었다.

"예, 별다른 일은 없었지만……. 그런데 오늘 철민이 아버지가 온다고 했습니다."

"철민이 아버지가 무슨 일로요?"

철민이 아버지는 내가 잘 아는 사람이다. 그분이 학교에 온다면 예삿일은 아니다. 무슨 일이 터진 게 분명했다.

"철민이가 반 아이들에게 괴롭힘을 당해서 죽고 싶다는 말을 했다면서 어제 철민이 아버지가 목검을 들고 교실에 와서 소란을 피웠습니다."

철민이 아버지가 해병대 복장에 목검을 들고 5학년 3반 교실과 특수반에 찾아와 큰 소란을 피웠단다. 선생님들과 아이들에게 욕설을 하고, 책걸상을 발로 차고 목검을 휘두르면서 행패를 부렸단다. 담임 선생님과 특수반 선생님은 놀라서 말도 못 하고 벌벌 떨었고, 아이들은 겁이 나서 울고불고 난장판이 되었단다.

나중에 급히 달려온 철민이 어머니가 말려서 사태가 겨우 끝나기는 했지만 그 공포가 컸던 모양이다. 오늘 다시 교장실로 찾아오겠다고 엄포를 놓고 갔다면서 얼굴 가득 걱정을 담고 교감 선생님이 전했다.

철민이는 특수반에 있다. 원적 반은 5학년 3반이다. 근위축증이라는 희귀병을 앓고 있는 아이다. 근육이 말라 들어가는 병인데 뚜렷한 치료법이 없단다. 근육이 말라 가는 속도를 늦추는 게 치료의 전부란다.

철민이 부모님은 학년 초 5학년 3반으로 교실 배정을 한 것 때문에 교장실에서 상담한 적이 있다. 철민이는 1학년부터 4학년까지 4년 동안 줄곧 1층 현관 옆 교실에서 학교생활을 했다. 걷는 데 어려움이 있다고 배려를 해서다.

그런데 철민이를 위한 이 배려가 다른 아이들에게는 불편이었고 불만이었다. 철민이와 4년 동안 같은 반이 된 아이들은 4년 내내 똑같은 교실에서 지낼 수밖에 없었다. 철민이와 같은 반이 된 아이들 입에서는 "또 철민이와 같은 반이 되었잖아. 에이, 또 그 교실이잖아" 이런 불만이 터져 나오는 게 당연했다.

그래서 선생님들과 의논해 철민이 반인 5학년 3반을 올해는 3층으로 배정했다. 그렇게 정하고 철민이는 언제라도 비상용 승강기를 탈 수 있도록 했다. 철민이가 조금 불편하더라도 반 아이들에게 원성의 대상이 되는 것보다는 낫겠다고 생각했다.

3층에 배정됐다는 말에 철민이 아버지가 처음에는 흥분하며 소리를 질러 댔다. 그렇지만 이야기를 나누면서 결국은 철민이를 위한 배려라는 것을 이해하고 고맙다는 말까지 하고 갔다. 철민이를 위해서는 물불을 가리지 않는 무서운 아버지라는 걸 그때 보았지만, 남의 말에 귀 기울일 줄 아는 사람이라는 것 또한 알게 되었다.

"너무 걱정 마세요. 오늘은 많이 가라앉았을 테니까요."

"그래도 허 선생님에게 볼일이 있는 척 복도에 왔다 갔다 하라고 하면 어떨까요?"

허 선생님은 체육을 담당하는 30대 남자 선생님이다. 뜻밖의 경우를 대비해서 남자 선생님을 교장실 앞에 세워 놓자는 말이다.

"그럴 필요 없습니다. 괜찮습니다."

그때 특수반 선생님이 볼일이 있어서 교장실에 들어왔다.

"조 선생님, 어제 많이 놀랐지요?"

"교장 선생님, 어제는 정말 무서웠어요."

조 선생님이 내 팔을 붙잡고 펑펑 울었다. 얼마나 무서웠으면 저럴까 싶어 짠했다.

"오늘 철민이 아버지가 다시 오면 내가 잘 달래 보낼 테니까 너무 걱정 마세요."

오후가 되어 철민이 아버지와 어머니가 함께 왔다. 해병대 복장이 아니고 깔끔한 평상복 차림이다. 목검도 가져오지 않았다. 흥분한 얼굴도 아니다.

"교장 선생님, 제가 앞뒤 생각하지 않고 너무 흥분했습니다. 죄송합니다."

철민이 아버지는 아주 공손했다.

"철민이가 죽고 싶다는 말을 했다니 부모로서 얼마나 놀랐겠어요. 그 마음 충분히 짐작이 갑니다."

"교장 선생님, 철민이 아버지는 이게 문제입니다. 성질이 불같아서 같이 사는 저도 감당이 안 될 때가 많습니다."

이야기가 잘 풀려 나갔다. 학교에서는 철민이를 더 잘 살피겠다는 약속을 했다. 5학년 3반 담임 선생님과 특수반 조 선생님도 교장실로 와서 함께 이야기를 나누었다. 철민이 아버지가 두 선생님에게 사과를 했다. 5학년 3반 아이들에게는 일주일 안에 철민이 아버지가 교실로 가서 사과하기로 했다.

교장이 되고 간 첫 관외 출장은 일도 많고 탈도 많았다. 그날 오후에는 어김없이 '즉시' 교무실로 모이라는 방송을 했다.

음치가
전국노래자랑 무대에 서다

　햇살 좋은 일요일 아침나절, 앞산 자락 길을 걷는데 손 전화가 울렸다. 36년 전에 봉화 시골 학교에서 졸업한 제자 대식이다.

　"선생님, 올 스승의 날에는 웃기는 경험 한번 해 볼까요?"

　"그게 무슨 말이고?"

　"선생님은 음치잖아요."

　"생뚱맞게 무슨 음치 타령?"

　"음치가 '전국노래자랑' 무대에 선다면 어떨까요. 선생님?"

　"송해가 하는 그 전국노래자랑?"

　"맞아요."

　"니, 어제 마신 술이 아직 덜 깼구나."

　도대체 무슨 말을 하려는지 감이 잡히지 않았다. 빙빙 돌리기만 한다. 졸업을 한 뒤 곧바로 모임을 만든 제자들과 꾸준히 만나 온 터라 그들과는 선생과 제자라는 격식이 거의 없는 사이다. 빙빙 돌리다가 꺼낸 말은 케이비에스(KBS) '전국노래자랑'에서 스승의 날 특집으로 '사제와 함께하는 노래자랑'을 하는데 이미 신청을 해 놓았다는 거였다.

"작년에 선생님 환갑 기념으로 다녀온 추억의 수학여행도 시답지 않았잖아요. 올 진갑 해에는 작년 환갑까지 합쳐서 제대로 추억 하나 만들어 보자고 저희들이 의논했습니다. 그러니 너무 나무라지 마시고 한번 해요. '땡' 하고 내려와도 추억은 추억입니다."

"환갑이고 진갑이고 그런 말로 꼬실 생각하지 마라. 나는 목에 칼이 들어와도 노래는 안 한다. 그리 알아라. 전화 끊는다."

"선생님, 잠깐만요! 노래는 저희들이 부를게요. 선생님은 그냥 무대에 서 있으시기만 하면 돼요. 노래는 선생님이 좋아하는 '차표 한 장'으로 할 겁니다."

억지도 이런 억지가 없다. 노래를 안 부르고 입만 벙긋벙긋하면 된다면서 굳이 내가 좋아하는 노래로 정한 까닭은 또 뭔가? 스승의 날, 아니 환갑, 진갑 기념으로 추억을 만들어 준다면서 전국으로 망신살을 퍼뜨리겠다니 기가 막힐 노릇이다. 기억 가운데 좋은 기억이 추억인데 망신살이 어떻게 추억이란 말인가! 못마땅하면서도 실실 웃음이 나오는 건 또 뭐란 말인가.

"선생님, 노래 연습하고 계시지요?"

제자들이 번갈아 전화를 했다.

"입만 벙긋벙긋하랬잖아. 그래 놓고 연습은 무슨 연습?"

전화가 올 때마다 퉁을 주듯이 말했다. 그러면서도 가끔 노래 연습을 살짝살짝 했다. 노랫말 가운데 자주 헷갈리는 데를 종이에 적어 다니면서 익혔다. 걷기 운동을 할 때도 쪽지를 보며 노랫말을 익혔다. 노래가 제법 되었다. 잘하면 입만 벙긋이 아니라 함께 노래를 부를 수도 있을 것 같았다. 하기야 이 노래를 가르쳐 준 서정오, 이호철 선생이 풍부한 감정에다 기교까지 담겼다고 칭찬을 한 적이 있지 않은가.

예심 하루 전날, 우리는 영등포역 앞 작은 호텔에 모였다. 합숙 훈련을 위해서다. '윤태규 쌤과 함께 임기초등 25회'라는 글자를 새긴 노란 티셔츠까지 준비해 왔다. 총감독은 현석이다. 6학년 때 '방울새' 노래를 부르면서 춤도 춰서 아이들을 많이도 웃기던 싱겁이다.

무대에 오를 사람 열여덟을 뽑았다. 노래 부르거나 입을 벙긋거릴 대식이와 춘화와 나는 앞줄에 섰다. 나머지 열다섯은 뒤에서 두 줄로 서서 율동을 하기로 하고 큰 방 하나에 모여 연습을 했다. 노래도 율동도 형편없다. 음치인 내가 들어도 노래를 너무 못한다. 뒤에서 추는 춤도 엉성하기 그지없다. 명함 한 장이 차표라면서 손가락 사이에 꽂고, 오른쪽 왼쪽으로 움직이면서 두 손을 번갈아 가며 하늘로 찌르는 동작이 전부다. 아무리 즉석에서 만들어 추는 춤이라고 해도 너무 단조롭다.

"'사랑했지만'에서는 머리 위에서 하트를 만들고, '너는 상행선 나는 하행선' 할 때는 기차놀이 하듯이 어깨를 잡고 두 줄이 서로 엇갈리게 뒤뚱뒤뚱 걷고, '추억이 나를 울리네'에서는 두 손을 머리 위로 들어 흔들어 보자. 이 정도라도 더 넣자."

보다 못해 내가 끼어들었다.

"선생님, 복잡하면 자꾸 틀려서 더 보기 싫습니다. 단순한 게 좋습니다. 몸치들에게 너무 기대하지 마십시오."

이러면서 그냥 단순하게 하잖다.

"야, 내가 생각해도 너무 싱겁다. 기차놀이 그거 하나만 더 넣자."

감독을 맡은 현석이 말발이 선생보다 더 셌다. 기차놀이 하나가 더 들어갔다.

"노래도 연습을 좀 더 해야겠어. 차라리 내가 할까?"

내가 마이크를 빼앗아 앞 소절을 불렀다.

"우리 노래 실력 어디서 나왔겠어요. 그 스승에 그 제자입니다."

"아이고 선생님, 제발 노래 부르시겠다는 말씀 거두어 주십시오. 우리는 '땡'이 싫습니다."

노래 합숙 훈련인지, 술 마시기 합숙 훈련인지 하룻밤을 그렇게 보냈다.

이튿날 케이비에스 라디오 공개홀에서 예심이 있었다. 서울과 지방 몇 군데에서 동시에 예심이 치러졌다. 서울 예심에서는 60개 팀이 나왔다. 지방에서도 40여 개 팀이 예심을 본단다. 이 가운데서 15개 팀이 본선에 오른다.

모두가 노란 티셔츠를 입고 예심장인 공개홀로 우르르 들어갔다. 미리 와 있던 참가자들과 카메라를 들고 다니던 방송국 사람들 눈이 우리들에게 쏠렸다. 다른 팀들은 기껏해야 네댓 사람인데 우리는 출연자 열여덟에 보조하는 사람들까지 합하면 서른이 넘는다. 모두가 노란 티셔츠를 입고 설치니 눈길을 끌 수밖에 없었다. 몰려다니는 게 꼭 노란 병아리 같다. 카메라가 우리들에게 집중되었다.

"누가 선생님이지요?"

카메라를 어깨에 멘 사람이 물었다.

"찾아보세요."

"아, 이분이 선생님이네요."

머리가 벗겨진 만진이 앞에 카메라를 들이댔다. 웃음이 터져 나왔다. 찍은 사진은 본 방송 때 자료 화면으로 내보낸다고 했다.

"본선에 못 나가도 우리 추억 만들기는 다했네."

모두가 그런 생각인지 표정이 느긋했다. 술 냄새도 솔솔 풍겼다. 간밤에 그토록 마셔 댔으니 생생할 턱이 없다. 도무지 7 대 1의 높은 경쟁률을 뚫어야 할 사람들 같지 않았다. 전날 술을 덜 마신 몇몇은 조금 달랐다. 술 깨는 약을 사 나르고 어디서 구했는지 날달걀까지 깨서 마시게 했다.

드디어 예선이 시작되었다.

"오늘 예선은 보통 때와는 달라서 탈락 없이 모두 끝까지 노래를 부릅니다. '땡'이 없다는 말입니다. 오늘 예선 그 자체로 스승의 날 기념 잔치 성격을 가지고 있습니다. 그래서 60개 팀이 노래를 다 부르고 나면 본선에 나갈 15개 팀을 선정합니다. 선정된 팀은 따로 모여서 주의 사항을 듣고 가세요."

우리는 두 번째로 무대에 올라갔다. '윤태규 쌤과 함께 차표 한 장, 임기초등학교 25회 졸업생'이라고 쓴 펼침막을 펴 들고 심사위원들 앞에 섰다. 앞줄은 노래 부르는 세 사람이 서고 뒤에는 춤꾼 열다섯 사람이 두 줄로 섰다. 기계 반주에 맞춰 노래가 시작되었다. 나는 약속대로 가운데서 마이크를 들고 입만 벙긋거렸다. 노래도 안 부르고 춤도 안 추니 할 일이 없었다. 심사위원들 표정이나 읽을까 하고 살펴봤다. 심사위원장이 고개를 갸웃거렸다. 까만 색안경을 써서 표정까지는 읽을 수 없지만 '아니다' 쪽이 분명했다.

"잠깐 멈춰 봐요!"

심사위원장이 갑자기 손으로 책상을 탁탁 치더니 음향 기기를 조작하고 있는 사람을 나무라듯이 소리를 질렀다.

"도대체 박자가 안 맞잖아요. 조금 더 빠르게 하세요."

민망했다. 박자가 안 맞는다는 핀잔은 우리가 들어야 할 소리다. 차마 출연자를 나무랄 수가 없어서 애먼 자기네 사람을 야단친 거다.

"이렇게 한 부대가 출연했는데 어떤 사이인가요?"

노래가 끝나자 심사위원장이 인터뷰를 시작했다.

"예, 36년 전에 졸업한 제자들이 6학년 때 담임 선생님을 모시고 왔습니다."

"참가한 동기가 있나요?"

"예, 제가 말씀드리겠습니다."

영재가 손을 번쩍 들고 몇 발 앞으로 나왔다.

"36년 전 초등학교 6학년 담임이었던 우리 선생님이 환갑을 맞았는데 추억을 만들어 드리려고 나왔습니다. 그런데 우리 선생님은 음치입니다. 그래서 6학년 때 음악 수업을 한 시간도 하지 않았습니다. 그 바람에 우리 모두 거의 음치가 되고 말았습니다. 우리는 음치 탈출을 위해 만날 때마다 노래방에서 피나는 노력을 해 왔습니다. 그래서 음치 탈출을 했다고 자랑하러 선생님 모시고 이렇게 나왔습니다. 심사위원장님, 예쁘게 잘 봐주세요."

심사할 때는 표정이 심하게 일그러져 있던 심사위원장이 영재 이야기를 듣고는 책상을 치면서 웃어 젖혔다. 다른 심사위원도 넘어갈 듯이 웃었다.

"선생님, 사실입니까?"

심사위원장이 나를 보며 물었다.

"하나는 사실인데 하나는 사실이 아닙니다."

"뭐가 사실이고 뭐가 사실이 아닙니까?"

"음치라는 말은 사실입니다."

"사실이 아닌 것은 뭡니까?"

"6학년 때 음악 수업을 한 시간도 안 했다는데 그래도 몇 시간은 했습니다."

이 말에 심사위원들은 또 넘어갔다. 방청석에서도 웃음이 터졌다. 공개홀은 그만 웃음바다가 되었다.

60개 팀이 모두 예심을 마쳤다.

"본선에 오른 팀을 부르겠습니다. 지방에서 한 팀이 선정되어서 여기서는 열네 개 팀을 선정했습니다. 따로 알릴 사항이 있으니 선정된 팀은 가지 말고 남아 주시기 바랍니다. 그럼 예심 통과 팀을 부르겠습니다."

긴장감이 흘렀다. 가당치도 않은 우리 팀도 덩달아 긴장을 했다. 한 팀 한 팀 부를 때마다 환호성이 터졌다. 통과한 대부분은 중고등 학교 학생들과 선생님이 함께 보컬 그룹이나 밴드를 만들어서 활동하는 팀들이다. 우리가 아마추어라면 그 사람들은 프로들이다. 하룻밤, 그것도 술 마시는 데 무게를 더 두고 합숙 훈련을 한 우리와는 견줄 수도 없었다.

이제 마지막 한 팀이 남았는데 아직까지 우리 '차표 한 장' 팀은 없었다. 주위를 살펴보니 여기저기서 서둘러 일어나는 사람들이 있었다.

"마지막 팀입니다. 36년 전 초등학교 담임 선생님을 모시고 노래를 부른 '차표 한 장' 팀입니다. 축하합니다."

"와아!"

"꿈이냐 생시냐?"

"내가 잘못 들은 게 아니지?"

눈이 동그래지고, 벌어진 입을 다물지 못하는 제자도 있었다. 서로 얼싸안고 팔짝팔짝 뛰었다.

"5월 10일에 서울교대 운동장에서 녹화가 있습니다."

본선에 오른 열네 개 팀이 남아서 담당 피디에게 주의 사항을 들었다.

"'차표 한 장' 팀은 인터뷰 있습니다. 알았지요? 또 꽃을 준비해서 담임 선생님에게 꽂아 주고 송해 선생님 가슴에도 꽂아 줍니다."

다른 팀에게는 별일이 주어지지 않는데 우리 팀은 인터뷰와 꽃을 꽂는 임무까지 두 개가 맡겨졌다. 제자들은 흥분했다. 상금이 있는 인기상은 따 놓은 당상이란다.

이튿날 학교에 와서 이날의 꿈같은 이야기를 아침 편지에 써서 선생님들에게 알렸다. 아침 편지를 읽은 선생님들의 반응이 재미있었다.

"교장 선생님 노래 실력으로 예선을 통과하다니 말도 안 돼!"

"가짜 뉴스야, 가짜 뉴스."

"전국노래자랑 문턱이 그리 낮은가?"

"아, 맞다! 노래를 못 불러서 뽑혔겠다. '땡'용이다 '땡'용. 전국노래자랑의 본래 취지는 많은 사람을 무대에 세우는 거니까 '땡'용이 필요한 거지. 한두 소절 부르자마자 '땡' 하고 내려보내면 많은 사람을 무대에 세울 수 있으니까 말이야."

교무실, 행정실, 학년 연구실 할 것 없이 말도 안 된다고들 했다. 내 노래 실력으로 보아 아주 딱 맞는 말들이다. 그렇지만 교장이 음치라는 사실을 모르는 학부모들은 달랐다.

"교장 선생님, 우리가 응원단을 꾸렸습니다. 관광버스 두 대가 올라가기로 했습니다. 아이들도 같이 갑니다."

일이 커졌다. 우리 상원초등학교 교장으로 출연하는 게 아니라 36년 전 시골 학교 6학년 담임으로 출연하는 것이라고 아무리 말려도 막무가내다. 학부모들은 아이들과 함께 서울 고궁 견학도 할 겸 가기로 한 것이라고 둘러대면서 물러서지 않았다. 정말로 망신살이 뻗쳤다.

우리 팀은 하루 전에 다시 모였다. 뭔가 기운이 좋은 곳이라면서 예선 때 묵은 호텔에서 두 번째 합숙 훈련을 했다. 첫 번째와 달리 제법 집중력 있게 연습을 했다. 인터뷰할 사람과 꽃을 꽂아 줄 사람도 정했다.

본선 대회 날은 날씨가 좋지 않았다. 비가 오락가락하는 가운데도 예정대로 노래자랑이 열렸다. 본선 대회 역시 스승의 날 잔치라서 '땡'이 없었다.

우리 팀은 일곱 번째로 무대에 올랐다. 예선 때 쓰던 커다란 펼침막을 앞세우고 열여덟 명이 무대로 뛰어나갔다. 무대가 그득했다. 계획대로 인터뷰도 하고 꽃도 달아 줬다.

나는 본선 대회에서도 목소리 없이 입만 벙긋벙긋 묵언이다. 여유롭게 관중석을 살폈다. 학부모들과 우리 아이들이 관중석 뒤편에서 '노래도 최고! 교육도 최고! 우리 윤태규 교장 선생님'이라고 쓴 펼침막을 흔들면서 응원을 했다. 힘이 나기보다는 부끄러웠다. 노래를 마치고 무대에서 내려서는데 담당 피디가 엄지손가락을 척 올려 보였다. 그게 또 우리 팀을 들뜨게 했다. 들뜬 마음은 풍선이 되어 제자들 머리 위로 둥둥 떠다녔다.

"인기상이 아니라 우수상까지 넘볼 수 있지 않을까?"

"어쩌면 연말에 또 무대에 서야 할 것 같은 예감이……."

상을 받게 되면 연말에 왕중왕전에 나갈 수 있다는 말이다. 나가도 너무 나갔고 김칫국도 너무 마셨다. 노래자랑 본선 심사는 노래 실력으로 평가했다. 시상식 때 우리 '차표 한 장' 팀은 끝까지 이름이 불리지 않았다. 인기상도 노래가 어느 정도 수준에 올라야 하는 모양이다. 담당 피디의 엄지 척은 연습할 때에 대면 제법 잘 불렀다는 뜻이었다. 인기상은 어느 작은 섬에서 전교생이 다 올라왔다는 초등학교 팀이 받았다.

"그 초등학생들보다는 36년 전 초등학생인 우리 팀이 받아야 하는 게 아닌가요? 피디님은 어떻게 생각하세요?"

크게 실망한 제자들이 담당 피디에게 따지듯이 물었다.

"글쎄요. 아마도 초등학교 전교생이 출연한 덕이 아닌가 싶네요."

"그게 말이 되나요? 스승의 날 특집이지 어디 어린이날 특집인가 안 그래요?"

"우리는 몰라요. 심사는 심사위원이 한 거잖아요."

"알아요. 억울해서 하는 말입니다. 억울해서!"

억울하단다. 추억 하나 만드는 게 목적이라고 떠들던 제자들이 그런다. 허탈하단다. 모두가 자기 기준이다. 노래 부르는 척 입만 벙긋벙긋한 팀이 상 타기를 바랐다니 소가 다 웃을 일이다. '땡'이 있었다면 예선에서 '땡'을 받아 본선 구경도 못 했을 팀이 뻔뻔해도 너무 뻔뻔했다.

이날의 난리가 추억 만들기는 제대로 된 모양이다. 전국으로 망신살이 뻗쳤던 날이라고 불평하는 척하던 내가 은근히 자랑을 하고 다니니 말이다. 대구로 내려오는 관광버스 안에서 학부모들이 한 말도 가슴에 남아 추억이 되었다.

"이젠 학부모 안 할래요. 우리도 제자가 될래요."

제자들도 선생 욕 먹인 그 일이 추억으로 남는지 자기들끼리 모이는 온라인 '밴드' 첫 화면에 아직도 그때 그 펼침막 사진을 상징으로 걸어 놓고 추억한다. 이제 곧 그 제자들이 환갑을 맞는다. 선생인 나는 어떤 추억을 만들어 줘야 할지 걱정이다. 제대로 복수할 게 뭐 없을까?

컴퓨터 모니터보다는
동그란 아이 얼굴

긴 겨울방학을 지나 개학을 하루 앞두고 아이들 맞을 준비를 하려고 교직원 모두가 출근했다. 교실에서 이것저것 챙겨 놓은 뒤 모두 시청각실에 모였다. 업무 분장 원칙에 대한 의논과, 개학 날 아이들을 맞이할 방법을 두고 의견을 모았다.

우리 대구시에서 학교 폭력 사건이 방학 기간에도 여러 건 터져서 교육청과 학교들은 바짝 긴장한 상황이었다. 교육청에서는 개학을 앞두고 초중등 교장을 한자리에 모아 긴급 비상 회의도 했다. 학교 폭력에 관한 공문과 대처 매뉴얼이라는 게 쏟아졌다.

교문에 '학교 폭력 추방하자!' 같은 펼침막을 내걸고, 개학 날에는 학교 폭력을 추방하자는 띠를 두르거나 손 팻말을 들고 교문에서 아이들을 맞이하라는 지시도 있었다. 의견을 모으는 자리라기보다는 사실상 엄중한 상황을 알리는 자리였다.

긴 방학을 끝내고 설레는 마음으로 교문에 들어설 아이들 머리 위에 '학교 폭력'이라는 끔찍한 글자를 써 붙이고 싶지가 않아서 '많이 기다렸습니다. 서로서로 사이좋게 지냅시다!'라고 부드러운 말을 써서 붙이기로 했다. 선생님들이 다 좋단다. 손 팻말에는 '사이좋게' '행복하게' '오순도순' 같은 순한 낱말을 쓰기로 했다.

여기까지는 한달음에 진행이 잘되었다. 이제 남은 건 교실에서 아이들 맞이하기다. 우선 칠판에 커다랗게 '반갑습니다. 많이 기다렸습니다!' 이렇게 써서 붙이기로 했다. 분필로 칠판에 쓰든 종이에 써 붙이든 모니터에 써 놓든 크게 쓰기로 했다. 이때다 싶어서 내가 평소에 생각하던 바를 내놓았다. 의논이 필요한 문제였다.

"내일 개학 날은 컴퓨터 안 켜고 아이들을 맞으면 어떨까요? 하나하나 이름을 불러 주고 눈도 맞추면서 말입니다. 한 번씩 안아 준다면 더욱 좋겠지요?"

모두가 좋은 방법이라며 찬성했다.

"내일뿐만 아니라 이참에 날마다 컴퓨터 켜지 않고 아이들을 맞으면 어떨까요?"

"예? 날마다요?"

선생님들이 화들짝 놀란다. 예상했던 반응이다.

"취지는 좋지만 과연 그게 될까요? 출근하자마자 컴퓨터로 확인해야 할 게 얼마나 많은데요."

"당장 교무 통신을 읽어야 하잖아요?"

"업무 확인도 확인이지만 수업 준비는 어떻게 하나요?"

너도나도 반대다.

"아침부터 일거리 가득한 메시지를 읽고 나면 하루 종일 부담되기는 해요. 수업 마치고 오후에 확인하는 것도 좋을 듯합니다."

"저는 지금도 아이들이 올 때는 컴퓨터 안 켭니다. 그래도 괜찮았습니다. 아이들과 함께 교실 정리 정돈을 하면서 이야기를 나눕니다. 교실이 확실히 부드러워집니다."

"교무실에서 보내는 여러 가지 전달 사항이나 협조 메시지를 오후에만 보낸다면 아침에 컴퓨터를 안 켜도 괜찮을 것 같습니다."

처음에는 반대하는 숫자가 많았으나 차츰 찬성 쪽과 격차가 좁혀졌다.

"교무실에서 선생님들에게 메시지 보내는 시간을 조정하면 가능할 것도 같습니다."

"안 켜는 것을 원칙으로 하되 상황에 따라서 융통성 있게 하도록 합시다."

"담임 선생님들에게만 적용하고 업무 부장이나 교과 담당 선생님에게는 적용하지 않는 게 좋겠습니다."

이런 절충안도 나왔다. 의견이 어느 정도 좁혀져 갔다.

"컴퓨터 안 켜면 교장 선생님 아침 편지 못 읽습니다."

체육부장 선생님이 이렇게 말해서 '와아' 웃음이 터졌다.

"아침 편지이기는 하지만 아침에 안 읽어도 괜찮습니다. 언제라도 짬이 날 때 읽으면 됩니다. 또 아예 안 읽어도 괜찮습니다. 그거 안 읽는다고 수업과 일에 문제가 생기진 않잖아요. 그래서 제가 '맹물 편지'라는 이름을 붙인 겁니다."

내 아침 편지 이야기가 나와서 일어서서 변명을 하고는 몇 마디 덧붙였다.

"정말 좋은 의견들이 많이 나오네요. 우리 한번 해 봅시다. 출근하자마자 컴퓨터 켜고 네모난 모니터만 들여다보는 것보다는 달덩이 같은 동그란 아이 얼굴을 보면서 하루를 시작하면 선생님도 아이도 훨씬 좋습니다. 컴퓨터를 안 보면 처음에는 불편할 수도 있습니다. 그러나 교무실에서도 메신저 활용 방법을 바꾸고, 선생님들도 수업 준비를 앞날 퇴근 시간 전에 해 두면 금방 익숙해질 겁니다. 물론 필요에 따라서는 컴퓨터를 켜야 할 때도 있겠지요. 문제점이 나오면 그때그때 조금씩 고쳐 나가면 되겠지요."

일단 해 보기로 결정했다. 조금 느슨하지만 원칙을 정했다. 담임 선생님은 아이들 등교가 끝나면 첫째 시간 시작 전이라도 켜도 된다. 교무 통신은 점심시간까지 읽기로 한다. 부장들의 업무 협조 전달은 점심시간 뒤로 하는 것이 좋겠다. 2월 한 달은 시범 기간이라고 생각하면서 문제점을 살피기로 했다.

"이야, 정규 모자 멋진걸!"

"은채야, 이젠 배 안 아파?"

뒷문으로 들어오는 아이들 이름을 하나하나 부르면서 말을 걸어 보면 선생님은 컴퓨터 안 켜고 아이들을 맞는 시간이 얼마나 달콤한지 느낄 수 있다. 아이들도 존중받는 느낌을 받아서 더 달콤해진다.

엄마에게 야단맞아 툭 튀어나온 입을 하고 뒷문으로 들어섰는데 '왜? 무슨 일이 있었어?' 담임 선생님이 이렇게 관심을 보인다면 어떨까. 흐리기만 하던 마음이 반짝하고 맑아지지 않을까. 공감은 현재의 상태에 대한 관심이다.

사람의 감정은 쉽게 전염이 된다. 뒷문에 들어설 때 선생님에게 관심받아 맑아진 감정이 옆 짝에게 전염이 되어 온 교실을 가득 채워 줄 것이다. 달콤과 달콤이 20평 교실에서 하루 종일 둥둥 떠다닌다면 그게 신나는 교실이다.

교장인 나는 이런 달콤한 아침을 맛볼 교실이 따로 없어서 아침마다 교문으로 아이들을 맞으러 갔다. 아이들을 맞이하면서 느끼는 달콤함의 강도는 교실보다 적을지 몰라도, 교직원까지 맞이하니 그 넓이는 더 넓다.

교장이 교문에서 서 있는 걸 아이들은 좋아했지만 선생님들은 부담스러워했다. 출근 시간에 자주 늦는 선생님들은 더 그랬다. 아침부터 교문에서 교장에게 감시당하는 기분이 들어서일 거다.

교문에서 감시당한다는 생각은 학창 시절 교문에서 새겨진 경험 때문이다. 학생부 교사가 두 눈을 부릅뜨고, 완장을 두른 선도부 학생들이 버티고 서 있는 교문을 지나가려면 괜히 오금이 저려진다. 무슨 트집이라도 잡힐까 봐 잘못도 없으면서 주눅이 든다. 누구나 다 겪었을 것이다. 그런 안 좋은 경험들이 쌓여서 트라우마로 남은 게 아닐까.

"헉헉, 교장 선생님, 늦어서 죄송합니다."

출근 시간이 지나서 급하게 뛰어오는 선생님들은 대부분 이렇게 말한다.

"무슨 일이 있었던 모양이지요?"

"막내가 갑자기 열이 나서 어린이집에 못 보내고 시댁에 맡기고 오느라고요."

"저런! 정신없었겠네요. 교감 선생님과 의논해서 얼른 아이 병원부터 데려가세요."

"괜찮습니다. 어머님이 병원에 데려가기로 했습니다."

"다행이네요. 오후에 서둘러 퇴근을 해야겠습니다."

교실에서 아이들이 결석하거나 지각하면 담임은 걱정부터 한다. 두 눈 부릅뜨고 야단부터 치지 않는다. 걱정하는 마음으로 무슨 일이 있었는지 물어보고 다독거려 준다. 교문에서도 마찬가지다. 지각한 아이들을 모아서 하나하나 지각한 까닭을 물어보면 야단만 칠 일은 아니라는 것을 안다.

"아침 일찍 오려고 했는데 동생이 조금만 더 놀아 달라고 해서 늦었어요."

"큰집에서 제사 지내고 늦게 왔어요."

"엄마가 아파서 아빠하고 식당에서 밥 먹고 오느라고 늦었어요."

야단맞을 아이가 아니다. 오히려 칭찬하고 격려하고 위로해 줘야 할 아이들이다. 아이들만 그런 게 아니라 선생님들도 마찬가지다.

교장은 교문에서 아이들과 선생님을 맞이하면서 달콤해지고, 담임은 교실에서 컴퓨터 모니터 대신 달덩이 같은 아이들을 보면서 달콤해지고, 아이들은 교문에 들어서면서 한 번, 교실에 들어서면서 또 한 번 달콤해진다면 이게 행복 학교가 아니겠는가.

그렇지만 컴퓨터를 켜지 않은 게 내 아침 편지 구독률을 훨씬 낮춘 것만은 틀림없는 일이다.

스승의 날이
오면

스승의 날이 있는 5월이다. 아이들이 어린이날을 기다리고, 경찰들이 경찰의 날을 기다리고, 노동자가 노동절을 기다리듯이 선생님들도 스승의 날을 기다릴까? 내가 알기로는 선생님들은 스승의 날을 기다리지 않는다.

선생님들에게 스승의 날은 그리 반가운 날이 아니다. 오히려 불편하고 쑥스럽다. 가슴에 달아 주는 꽃도 그냥 부끄럽다. 스승의 날 기념식을 직접 주관하기 뭣해서 회장이나 부회장에게 시켜 보지만 쑥스러운 건 어쩔 수 없다. 엎드려 절 받는 기분이다.

아이들이 정성을 모아 교실에서 깜짝 축하 마당을 벌이기도 하지만 아이들의 성의가 고맙고 예쁠 뿐 어색하기는 마찬가지다. 아이들이 읽어 주는 감사 편지나 스승의 날 노래도 고마운 마음보다는 부끄럽고 민망한 마음이 든다. 아이들이 수북하게 놓고 간 편지가 궁금해서 살짝살짝 펴서 읽어 보지만 아이들도 별다르게 할 말이 없는지 가르쳐 줘서 고맙다는 말만 한가득이다. 편지지는 알록달록하지만 내용은 거기서 거기다.

요사이는 없어졌지만 학부모나 아이들이 가끔 내미는 선물은 받을 수도 안 받을 수도 없어 부끄러움, 쑥스러움, 민망함을 넘어 당황스럽기까지 하다. 스승의 날 선물에 얽힌 꽤 오래된 이야기가 하나 떠오른다.

스승의 날이 지난 어느 날, 한 제자가 보낸 손 편지 한 통을 받았다. 아들이 초등학교 5학년인데 스승의 날이 되어 담임 선생님에게 작은 선물을 가지고 갔단다.

"아이를 건강하게 학교에 보내 주는 것만으로 저에게는 아주 큰 선물입니다."

담임 선생님이 이렇게 말하면서 선물을 끝까지 받지 않아 당황스러웠단다. 쑥스럽고 부끄러워 쥐구멍이라도 찾아 들어가고 싶었는데 자기 아이가 선생님에게는 큰 선물이라는 그 말에 울컥한 감정이 목구멍까지 올라오더란다. 얼마나 감동했으면 이런 자랑 편지를 보냈을까 싶어서 얼른 답장을 썼다.

학부모가 가져온 선물을 되돌려 보내는 담임 선생님도 굉장히 난처하고 쑥스러웠을 것이다. 그러니 앞으로는 그러지 말거라. 고마운 마음이 있으면 아이 앞에서 '우리 선생님 참 좋은 선생님이다' 하고 말 한마디 하는 게 선생님에게 더없이 큰 선물이며, 아이에게도 좋은 선물이다. 이래서 마음으로 전하는 선물이 더 값진 선물이라고 하는 거란다.

아이가 큰 선물이라는 담임 선생님, 쑥스러워 쥐구멍이라도 찾고 싶었다는 학부모가 된 제자 두 사람 모두 아름답다는 칭찬을 써서 답장을 보냈다. 그리고 담임 선생님에게도 편지를 쓰고 내 책《일기 쓰기 어떻게 시작할까》도 한 권 넣어 보냈다. 그 뒤로 그 선생님하고는 몇 번 더 편지를 주고받았다.

'학부모 출입을 금합니다.'

'우리 학교 교원들은 스승의 날 선물이나 봉투를 받지 않습니다.'

교문이나 현관 앞에 이런 입간판을 세워 놓으라고 교육부에서 강제하던 때도 있었다. 스승의 날 아침에 이 입간판 사이로 출근하는 선생님들 발걸음은 어땠을까. 어떠한 마음이었을까. 부끄러웠을 것이다. 쑥스럽고 민망했을 것이다.

또 어떤 때는 스승의 날이 비리의 온상이라며 아예 스승의 날을 없애 버렸던 적도 있었다. 어쨌든 스승의 날은 해마다 5월이면 찾아온다. 그것도 우리 민족의 큰 스승인 세종대왕이 태어나신 날과 함께 온다. 생각해 보면 그것도 민망하다. 스승의 날이 불편하고 쑥스럽고 민망해서 학교에 결근하고 싶었다는 새내기 선생님의 하소연을 들은 적도 있다.

스승의 날 오후에는 쑥스러움을 달래 주기라도 하듯이 반가운 손님들이 많이 찾아온다. 졸업생들이다. 초등학생 티를 벗지 못했지만 교복을 차려입으니 제법 의젓하다. 삼삼오오 무리를 지어 초등학교 때 담임을 찾아다닌다. 보기가 좋고 반갑다. 반 아이들이 꽃을 달아 줄 때는 쑥스러웠는데 졸업생이 가져온 꽃 한 송이는 고맙고 반가운 마음이 먼저 든다. 곁을 떠난 지 오래된 졸업생일수록 반가운 마음은 더하다.

"잘 왔다. 스승의 날만 찾아오지 말고, 자주 놀러 오너라."

이리저리 옛 담임을 찾아다니는 아이들을 복도에서 만나 반겨 주면 졸업생들은 아주 좋아한다.

"스승의 날 학교를 찾아온 졸업생들 얼마나 대견하나요? 이런 아이들을 맨입으로 보내지 맙시다. 학교에서 사탕이나 요구르트라도 줘서 반가운 마음을 전합시다."

이러면서 스승의 날에 학교를 찾아오는 졸업생들에게 나눠 주라고 작은 주전부리를 준비해서 교무실에 갖다주곤 했다. 평소 모아두었던 마른 주전부리도 이날 탈탈 턴다. 교실로 찾아온 졸업생들은 담임 선생님이 알아서 하겠지만 학교에서도 자기들을 반겨 준다는 반응을 보이는 것은 또 다른 큰 뜻이 있다. 중학교 1학년들에게는 졸업하고 첫 고향 방문이다. 첫 방문 때 받은 따뜻한 기억은 마음 깊은 곳에 오래 남는 법이다. 빵이나 음료수가 아니어도 괜찮다. 사탕이나 과자, 요구르트 같은 것도 괜찮다.

"교실에 알립니다. 졸업생이 와 있는 교실에서는 교무실로 와서 아이들 숫자만큼 아이스크림을 받아 가세요. 지금 오세요."

스승의 날 오후, 교복을 입은 졸업생들이 삼삼오오 깔깔거리며 학교를 누비는 시각에 이런 방송이 들렸다. 방송을 듣자마자 내가 먼저 교무실로 달려갔다. 아주 반가운 방송이라서 그랬다. 아이스크림은 어디서 났는지, 어떻게 졸업생들에게 아이스크림까지 나눠 줄 생각을 했는지, 누가 그런 생각을 했는지 온갖 궁금증을 가지고 교무실로 갔다.

"일부러 산 게 아니고 6학년 아이들에게 나눠 주고 남은 겁니다. 교감 선생님과 몇몇 선생님들이 졸업생에게 나눠 주면 좋겠다고 해서 방송을 했습니다."

교무부장이 설명했다.

"잘했습니다. 졸업생들이 무척 좋아하겠네요."

아이스크림뿐만 아니라 떡도 남았다면서 나눠 줬다. 미리 준비해 두었던 사탕, 과자 같은 주전부리도 함께 나눠 줬다. 푸짐했다.

졸업생들이 오기 전 오전 시간에 운동장에서 6학년 아이들과 선생님들이 스승의 날 기념 운동 경기를 했다. 풋살, 피구, 긴 줄넘기 이렇게 세 종목에 상을 걸어 놓고 했다. 이기는 편은 아이스크림과 피자를 먹고 지는 편은 아이스크림만 먹는 걸로 했다.

경기는 풋살이 가장 재미있었다. 젊은 남자 선생님들이 선수를 바꿔 가면서 땀을 흘렸는데도 4 대 4로 비겼다. 피구는 여자 선생님들과 여자아이들이 겨루었는데 선생님들이 참패했다. 긴 줄넘기도 아이들이 이겼다. 전체 성적은 2승 1무로 아이들이 이겼다.

"스승의 날인데 좀 살살 하지. 너희들 정말 눈치코치가 빵이다."

두 팔을 걷어붙이고 악착같이 이기겠다고 경기를 하던 젊은 여자 선생님들이 아이들에게 입을 삐쭉 내밀었다.

"풋살 비겨 줬잖아요."

비긴 게 아니라 비겨 준 거란다. 아이들은 당당했다.

음식을 나누어 먹었다. 아이들에게는 피자와 아이스크림을 주었고, 선생님들에게는 학년 연구실로 아이스크림, 치킨, 떡을 나누어 주었다. 스승의 날 사제 동행 경비 90만 원으로 피자와 치킨과 아이스크림을 산 거다. 떡은 학부모회에서 보내왔고, 이웃에 있는 농협에서도 보내왔다.

골고루 나눠 주고 남은 아이스크림과 떡을 학교를 찾은 졸업생들에게 나눠 준 것이다. 스승의 날이라고 옛날 담임 선생님을 찾아왔다가 학교에서 주는 떡과 아이스크림까지 얻어먹었으니 그 아이들에게는 모교가 마음의 고향으로 자리 잡겠지. 정말 잘한 일이다.

스승의 날에 졸업생이 학교로 찾아올 때 선생님들은 보람을 많이 느낀다. 찾아온 졸업생들과 교실에서 퇴근 시간까지 까르륵거리며 초등학생 때 추억을 더듬다가 퇴근 시간이 되면 함께 교문을 나선다. 어디로 가는 것일까. 대부분이 분식집이나 빵집이다. 지갑을 열어 음식값을 치르면서 선생님은 비로소 스승의 참맛을 느낀다.

졸업한 지 오래된 제자들과 식당이나 술집에서 만나면 최고의 스승의 날이다. 술자리에서 마주 앉으면 제자는 더 이상 아이가 아니다. 제자는 어느새 어른이 되었고 선생님은 그것이 대견스럽다. 커 가는 제자를 보는 선생님 눈에는 흐르는 세월이 보인다. 선생에게 세월이란 흘러가 버리는 게 아니고 성장하고 쌓이고 모이는 시간이다.

"선생님 덕택에 지금도 일기를 씁니다."

"선생님이 주례사로 해 주신 그 말씀 자주자주 떠올리며 우리 부부 잘 살고 있습니다."

제자가 인사치레로 하는 말에도 해뜩해뜩 넘어가는 팔랑귀를 가진 게 선생들이다. 일부러 속고 싶은지도 모른다. 제자의 삶에 배경이 되는 즐거움은 선생이 누리는 최고의 특권이기 때문이다.

절대 안 된다고 막아서는 제자들을 물리치고 계산대를 점령하는 맛도 짜릿하다. 아무래도 선생이라는 사람은 받는 것보다는 주는 게 체질에 맞는 모양이다. 그렇지 않고서야 꽃다발, 감사의 노래, 감사 편지 같은 것을 한 아름 안겨 주는 교실에서는 어색하고 쑥스럽던 사람이 식당이나 술집 계산대에서 스승의 날을 제대로 즐기니 하는 말이다.

내 교직 생활의 마지막 스승의 날은 쑥스러움 대신에 어른이라서 죄스럽고, 선생이라서 미안한 마음으로 하루를 보냈다. 세월호 참사로 온 국민이 슬픔에 빠져 있던 때였다. 어느 학교, 어느 지역이든지 모든 선생님들은 아픔 속에서 스승의 날을 보냈을 것이다.

스승의 날 아침입니다. 이 땅에서 어른으로 산다는 것 자체가 부끄럽고 죄스럽습니다. 스승의 날이라고 축하를 해 줄 수도, 축하를 받을 수도 없습니다. 아버지회 회원들이 교무실 들어오는 현관 앞에 마련해 둔 '학부모가 선생님들에게 보내는 감사 쪽지 붙이기' 판까지도 사치스럽습니다.

'선생 똥은 개도 먹지 않는다. 그까짓 개야 선생 똥을 먹든 안 먹든 학생은 선생의 썩은 속을 먹어야 착해지는 것이라면 저도 속이 썩어 볼까 합니다.'

언젠가 읽은 글입니다. 우리의 희망인 우리 아이들이 어디에서도 쫄지 않고, 누구에게도 기죽지 않고, 마음 놓고 정말 마음 놓고 이 세상을 살아가는 데 선생의 썩은 속이 필요하다면 내 속이 타서 숯검댕이가 되어도 좋습니다. 내 속이 썩어도 괜찮습니다. 이런 다짐이라도 해야만 아이들 얼굴을 마주할 수 있을 것 같은 스승의 날 아침입니다.

선생님들 사랑합니다.

2014. 5. 15.

스승의 날 아침에 윤태규

꽃다운 아이들이 돌아오지 못하고, 그 아이들을 구하려던 선생님들도 아이들과 운명을 같이 했건만 야속하게도 스승의 날은 어김없이 왔다.

아이들 19명을 온 힘을 다해 구출시키고 다시 학생들을 구조하려고 4층으로 내려갔다가 끝내 돌아오지 못한 유니나 선생님. '아이들 구명조끼 입혀야 돼.' 애끓는 어머니의 통화를 끊고 급히 4층 객실로 내려가서 아이들을 구조하다가 구명조끼도 입지 않은 채 발견된 전수영 선생님. '걱정 마, 너희들부터 나가고 선생님은 나중에 나갈게.' 아이들에게 약속했지만 아이들을 구하다가 끝내 나오지 못한 최혜정 선생님. 아이들이 써 준 33통의 생일 축하 편지를 읽어 보지 못하고 태어난 날 아이들과 목숨을 다한 김초원 선생님. 아이들 먼저를 외치며 아이들을 구하다가 자신은 구명조끼도 입지 않은 채 숨을 다한 이해봉, 남윤철, 이지혜, 김응현, 양승진, 박육근, 고창석 선생님. 인솔 책임자로 자신만 살아남았다는 죄책감에 '혼자 살기엔 벅차다'는 유서를 남기고 끝내 사랑하는 아이들과 선생님들 곁으로 간 강민규 교감 선생님.

이 스승의 날 가슴을 치면서 그 아이들을 생각한다. 그리고 두 손을 모은다.

'잊지 않겠다. 부디 하늘나라에서 편히 잠들거라.'

이야기가 있는
워크숍

한 학기를 마무리하면 방학이 기다리고 있어서 참 좋다. 선생님들은 들뜬 아이들 앞에서 태연한 척하지만 설레기는 마찬가지다. 학교에서 일하는 모든 어른들도 다 마찬가지다. 그런데 교원들에게는 방학에 앞서 워크숍이라는 넘어야 할 문턱이 있어 마냥 들뜰 수만 없다.

워크숍은 자기를 거쳐야 방학 세상으로 들어갈 수 있다는 듯이 문지기처럼 떡 버티고 있다. 주로 교육과정을 중심에 놓고 선생님들이 주체가 되어 지난 학기나 학년을 되돌아보고 다가오는 학기나 학년을 계획하는 자리다. 결코 가볍게 지나갈 일이 아니다.

50년 전 내 초임 시절에도 워크숍과 비슷한 자리가 있었다. 워크숍이라는 이름을 붙이지는 않았지만 학기 말이나 학년 말에는 빠짐없이 있었던 마무리 자리였다. 방학하는 날에 서둘러 방학식을 끝내고는 술과 음식을 준비해서 소풍 가듯이 강이나 산으로 놀이를 가거나 미리 정해 놓은 식당에서 잔치를 벌였다.

장소가 밖일 때는 큰 솥을 걸어 음식을 끓이고, 볶고, 구웠으며, 야외용 확성기를 준비하여 한껏 흥을 돋우기도 했다. 주로 산이나 들에서 논다고 해서 야유회라고도 했다.

어느 해인가 선배들이 개고기를 토끼고기라고 속이는 바람에 평생 처음이자 마지막으로 개고기를 먹어 본 기억도 있다. "개고기 잘 먹더구먼!" 하는 소리에 화들짝 놀라 꽥꽥 토하기도 했으니 원효대사가 해골바가지 물을 마시고 깨달았다는 '일체유심조' 체험을 일찍이 워크숍에서 했다. 잊지 못할 추억이다.

이런 놀이 모습은 농촌에서 김매기를 끝낸 음력 7월쯤에 마을 사람들이 모여서 한바탕 마을 잔치를 벌이는 그때의 풋굿('호미씻이'가 표준어라고 하는데 우리는 '풋굿' 또는 '푸꾸'라고 했다)과 아주 닮았다. "머슴을 부려 먹었으면 한턱 제대로 내야지." 이러면서 교장을 땅 주인에, 선생님들을 소작 농사꾼이나 머슴에 견주기까지 했으니 겉모양만 아니라 속까지 풋굿과 빼닮았다.

어쩌다 통 큰 교장을 만나면 선진지 견학이라고 해서 1박 2일로 관광까지 하는 호사를 누리기도 했다. 그때는 이 방학 마무리 잔치를 얼마나 푸짐하게 했느냐를 잣대로 이웃 학교와 견주면서 좋은 교장, 안 좋은 교장으로 매기기도 했다.

풋굿처럼 차린 잔치이기는 하지만 학기와 학년을 마무리하는 자리라 '평가' '반성' '문제점 분석' '개선' '계획'과 같은 말이 체면치레로라도 나올 만한데 그러지 않았다. '연수물'이라는 것도 당연히 없었다. 어쩌다 누가 학교 이야기를 꺼내기라도 하면 어지간히도 눈치 없는 사람 취급을 받았다. 분위기와 흥을 깬다는 까닭에서다. 이것도 풋굿을 닮았다.

어깨춤을 덩실덩실 춰대며 흥겹게 '쾌지나 칭칭 나네'를 하는 풋굿 마당에서 누군가가 '고추에 진딧물이 까맣게 붙었는데 무슨 좋은 수가 없을까?' 같은 농사 이야기를 꺼낸다면 어떨까? 눈치 없는 정도가 아니라 틀림없이 정신 나간 사람 취급할 것이다. 농사꾼을 위로하는 잔치에 농사 이야기가 없고, 선생님들 학기 마무리 잔치에 교육 이야기가 없었다.

세월이 흐르면서 놀이가 중심이던 마무리 행사가 시나브로 일거리 중심으로 바뀌기 시작했다. 차츰 놀이와 일이 어느 정도 균형을 이루는가 싶더니 지금은 아예 일 쪽으로 기울어졌다. 이름도 워크숍이다.

술이나 음식이 푸짐하게 놓이던 탁자에는 연수물이 수북하게 쌓이고, 주관자가 친목회장이나 오락부장에서 연구부장이나 교무부장으로 바뀌었다.

놀이 중심인 옛날 워크숍에 교육이라는 이름을 단 이야기나 과제가 끼어들 틈이 없었듯이 요즘 일 중심 워크숍에는 반대로 놀이나 이야기가 끼어들 틈새가 없다. 그러니 딱딱하다. 내용이 아무리 좋아도 너무 딱딱하면 잘 스며들지 않는다. 부드러우면서도 많은 내용을 품을 수 있는 스펀지 같은 워크숍, '놀이'까지는 아니더라도 '이야기'라도 살짝 뿌려 간을 친 워크숍, 그게 바로 내가 바라는 '이야기가 있는 워크숍'이다.

워크숍을 하기 앞서 학교 식구들 모두가 한자리에 모여서 학교 이야기, 교실 이야기, 아이들 이야기, 우리 집 이야기, 자랑할 이야기, 실수한 이야기를 할 수 있는 '이야기 마당'을 만들었다. 이야기 차례는 이렇다.

1. 이번 학기(학년)에 잘한 이야기

2. 이번 학기(학년)에 아쉬운 이야기

3. 방학 기간에 꼭 하고 싶은 일

4. 2학기(다음 해)에 꼭 하고 싶은 일

5. 기타(학교에 건의할 일이나, 개인적인 이야기)

교직원 모두가 워크숍 전에 자기가 한 학기 또는 일 년 동안 있었던 일을 위와 같은 차례로 간단하게 써 본다. 다섯 가지 항목을 다 써도 좋지만, 한 가지만 집중해서 써도 된다. 주저리주저리 길게 써도 좋고 간단하게 한두 줄만 써도 된다.

선생님들뿐만 아니라 행정실 직원, 급식실 직원, 보조원, 학교 지킴이 어느 누구 할 것 없이 학교에서 일하는 사람들 모두가 함께한다. 학기 또는 한 학년을 되돌아보는 이야기 마당에서 중심인물과 주변인물이 따로 있을 수 없다. 하는 일이 서로 다를 뿐 아이들을 위해서 일하는 건 똑같기 때문이다. 이렇게 쓴 글을 바탕으로 워크숍 이야기 마당에서 저마다 발표를 한다.

발표회에 나온 이야기를 꼭지별로 몇 가지 들어 본다. 원고 길이 때문에 알맹이만 소개한다.

1. 잘한 이야기

혼자만의 세계에서 어려워하던 다연이와 가까워지는 게 몹시 힘든 과정이었지만 마음을 나눌 수 있는 친구가 생겨서 제법 어울리는 모습을 가끔이라도 볼 수 있게 된 게 고맙다. (6학년 1반 담임 류진희)

교장 선생님이 급식실 자율 조절대 설치 의견을 낼 때는 솔직하게 크게 기대를 하지 않았고 부담까지 되었는데 아이들이 무척 좋아하고, 학부모들도 좋은 시책이라고 칭찬을 하고, 조리원들도 힘들지 않다고 해서 기뻤다. 대박이다. 다른 학교에 가서도 할 것이다. (박정옥)

현모양처 가운데 '양처'가 되기 위해 남편과 논쟁적인 자세를 거두고자하였다. 왕 노릇 하기를 좋아하는 남편을 참아 주는 게 꽤 힘들었지만 그래도 어느 정도 잘했다. 가끔 버럭 하는 나에게 '작심삼일'이라고 빈정대기도 하지만 피장파장이다. (진기숙)

건강을 회복하여 복직한 친구와 퇴근길을 함께하며 지낼 수 있는 점도 크나큰 기쁨이며 고마운 일이다. (김정숙)

류진희 선생님이 다연이와 지낸 이야기는 그 자리에 있던 우리 모두를 울렸다. 이야기를 들어 보니 다연이가 어지간히도 담임 선생님 속을 썩였다. 그런 다연이를 위해 애쓴 선생님의 노력이 눈물겨웠다. 이야기를 조곤조곤했는데도 둘러앉은 워크숍 자리는 눈물바다가 되었다.

곁에 앉은 같은 학년 선생님이 류진희 선생님 등을 토닥토닥 두들겨 주면서 달랬다. 내남없이 한두 번은 겪었던 일이고, 겪을 일이기에 격하게 공감을 했을 것이다. 뒤처지는 아이, 조금 부족한 아이, 문제를 일으키는 아이가 있으니 선생이 필요하고, 저마다 그 자리가 자기 자리라는 생각이 들었을 터이다. 교원으로서 유대감과 자존감, 긍지가 뭉클하게 올라오는 것을 느낄 수 있는 자리였다.

급식실 자율 조절대 이야기를 쓰고 발표한 박정옥 선생님은 영양교사다. 처음에는 마음이 내키지 않았는데 막상 해 보니 대박이란다. 다른 학교에 가서도 해 보겠다는 마음까지 먹었으니 말 그대로 정말 대박이다.

진기숙 선생님은 자기 집안 이야기를 썼다. 그것도 남편과의 일이다. 무슨 이야기를 해도 괜찮다고 했지만 이런 사사로운 일을 쓰고 말하기란 쉽지 않다. 직장인은 공과 사를 엄격하게 구분해야 한다지만 학교와 집은 이어져 있다. 그걸 숨기면서 지낼 뿐이다. 솔직하게 쓴 이 글이 그래서 더 반가웠다. 모두 허리가 끊어져라 웃으며 들었다.

친구와 퇴근길을 함께 하는 것만으로도 행복하다는 김정숙 선생님 마음이 참으로 아름답다. 비록 자기가 잘해서 친구 건강이 회복된 건 아니지만 이걸 '가장 잘한 이야기'에 적은 것을 보면 친구를 생각하는 속마음이 깊다는 걸 알 수 있다.

자기 입으로 한 이야기가 공동체 식구들의 귀로 들어가서 입으로 몸으로 반응이 나오고, 그 반응들을 다시 내 눈과 귀로 확인할 수 있는 이런 자리가 공동체 주인임을 확인하는 자리다.

2. 아쉬운 이야기

다른 반 학생들에게 완전 호랑이 선생님으로 전락한 것이 너무나 아쉽다. 알고 보면 정말 유쾌하고, 재미있고, 마음이 여린 선생인데, 복도에서 조용히 하라고 큰소리로 외치는 것만 강하게 인상에 남는 모양이다. 아쉽다. (서진애)

학교 일이 처음이라 아직 학교 일 처리에 서툰 점이 많고, 선생님들의 요구를 하나하나 다 들어주지 못한 점이 미안하고 아쉽다. (행정실장 배아람)

주말에 책을 읽을 때가 많다. 하필 그때 아이들이 놀아 달라고 자주 보챘다. 도저히 책을 덮을 수가 없어서 텔레비전과 휴대폰 게임에 아이를 맡긴 적이 여러 번이다. 반성하고 후회한다. (전수정)

뱃살과 허릿살이 조금 넉넉해지고 있어서 저녁에 운동을 하려고 했는데 엄마 껌딱지 때문에 시간을 낼 수가 없어서 아쉬웠다. (김혜수)

오전에만 근무하다 보니 행정실에 더 많은 도움을 주지 못하여 미안한 마음이 들었습니다. 제 퇴근 시간이 다른 사람들과 같았으면 좋겠다고 생각했습니다. (황주란)

아이들이 호랑이 선생님이라고 무서워하는데 알고 보면 전혀 그렇지 않다고 투정 부리듯이 억울해하는 서진애 선생님 이야기를 들으며 웃음이 터졌다. 우스개가 아니라 심각하다고 정색을 하면서 말했지만 그 말이 사람들을 더 웃게 했다.

학교 일이 서툴고 선생님들 요구를 제대로 들어주지 못해서 미안하다는 배아람 행정실장은 출산휴가로 공석인 자리에 임시로 온 분이다. 미안한 마음이 짧은 이야기에 들어 있다. 듣던 사람들은 합창하듯이 "아닙니다!"로 화답했다.

주말에 책을 읽느라 아이에게 텔레비전을 켜 주고, 손 전화 게임을 하게 한 못난 엄마라고 고해성사 하듯이 발표한 전수정 선생님에게 '나도 그래' '나는 더 해' 툭툭 던지는 말로 공감해 주는 모습도 보기 좋았다.

뱃살과 허릿살이 붙어 운동을 계획했다는 김혜수 선생님에게는 여기저기서 '우우' 하는 야유 섞인 반응이 나왔다. 얄밉다는 말이다. 김혜수 선생님은 어디를 봐도 살을 빼야 할 몸매는 아닌 분이다.

오전에 퇴근해서 행정실 일을 더 많이 못 도와줘서 미안하다는 황주란 씨는 행정실 보조와 우유 급식 도우미를 하는 분이다. 우유 회사에서 아르바이트로 고용한 분인데 워낙 성실해서 행정실에서 행정 보조원으로 채용했다. '퇴근 시간이 다른 사람들과 같았으면 좋겠다'고 한 것은 하루 종일 일하고 싶다는 바람이다. 황주란 씨의 바람은 2학기 때에 이루어졌다. 이때 한 이야기가 계기가 되어 정식 계약직으로 채용한 거다.

직장은 서로가 자기 일에 충실해야 하기 때문에 바쁠 수밖에 없다. 우리는 그걸 핑계로 데면데면하게 지냈지만 이런 자리를 통해 마음으로 동료들을 만났다. 이해의 폭이 넓어지고 자기도 모르게 걸어 놓았던 마음의 빗장도 스르르 풀릴 수 있는 자리였다.

3. 방학 기간에 꼭 하고 싶은 일

교사가 된 지 아직 3년밖에 되지 않았지만, 그 3년 가운데 가장 마음고생을 했던 한 학기였다. 그래서 1학기에 안 좋았던 일들을 털어 버리고 기쁜 마음으로 2학기를 준비하기 위한 여행을 다녀오려고 한다. 원래 이런 이유로 여행을 계획한 것은 아니지만 새로운 마음을 가질 수 있는 좋은 기회가 될 것 같다. (김민주)

첫째 딸이 아침마다 "엄마, 학교 가지 말고 집에 같이 있자"는 말을 자주 해서 마음이 짠하였는데 방학 때만이라도 아이와 시간을 많이 가지고 맛있는 요리도 많이 해 줘야겠다. (박소영)

교사 생활 3년밖에 안 되는 김민주 선생님은 그 3년보다 더 길고 긴 한 학기를 힘들게 보냈다. 출근길에 교문 가까이에서 가벼운 차 사고를 낸 것 때문이다. 아이가 학교 앞 공원 비탈길로 급하게 뛰어 내려 오다가 김민주 선생님 차에 부딪치면서 넘어졌다. 차가 거의 서 있다시피 할 정도로 천천히 움직여서 아이가 많이 다치지는 않았지만 해결 과정에 고생을 많이 했다. 이런 마음의 상처를 여행하면서 털어 내고 2학기에는 새로운 마음을 갖겠다는 말이다. 모두가 손뼉을 치며 위로해 줬다.

박소영 선생님이 방학 때 하고 싶은 일은 아이 키우는 선생님이라면 누구나 공감할 이야기다. 엄마에게는 물론 아이에게도 최고의 방학이 될 게 분명하다.

저마다 적어 본 방학 때 하고 싶은 일은 자기 방학 과제와 마찬가지다. 과제라기보다는 방학 선물이다. 한 달 동안 직장을 떠나서 아이와 놀면서 맛있는 음식을 만들어 먹을 수 있으니 선물이다. 시간이 없어 가지 못했던 여행도 선물이다. 취미 활동이나 배움 활동도 선물이다. 1급 정교사 연수를 비롯한 여러 연수도 힘들겠지만 선물이다. 이렇게 지낸 방학 이야기는 개학하여 다시 이야기 마당에서 내놓을 거리가 된다.

4. 2학기에 꼭 하고 싶은 일

2학기에는 다목적실에서 선생님들과 학부모들을 모시고 발표회를 가질 계획입니다. 무대에 올리기에는 부족한 실력이라 하더라도 열심히 노력한 과정에 큰 박수를 보내 주시리라 믿습니다. 무대복도 준비하고 현수막도 만들 생각을 하니 혼자 많이 설렙니다. 학생들의 연습은 여름방학에도 쭉 계속됩니다.(조수정)

'내 아이의 담임 선생님이 이렇게 했으면 좋겠다.' 이런 마음으로 나도 앞으로 교단에 서야겠다.(정미진)

조수정 선생님은 특수학급 선생님이다. 교장실 바로 옆이 특수반인데 날마다 오후에 난타를 쳐서 어지간히도 시끄럽게 하더니 그걸 2학기에 발표하겠단다. 설렐 만한 계획이다.

'내 아이 담임이 이랬으면 좋겠다'는 바람은 초등학생을 둔 부모 선생님이라면 누구나 가질 만한 생각이다. 그걸 잣대로 선생 노릇하겠다는 말이다. 얼핏 보면 구체성이 없어 보이지만 그렇지 않다.

반 아이를 야단치다가도 자기 아이를 떠올려 화들짝 놀라고, 숙제를 많이 내 주다가도 자기 아이를 떠올려 멈칫하고……. 이보다 더 구체가 있을까. 부모 선생님들끼리는 다 통하는 계획이다.

내가 말할 차례에서 1학기 동안 학부모 연수 강사로 다니느라 자리를 비운 일이 많아서 그게 미안하다고 했더니 어라, 2학기에도 자주 자리를 비워 달란다. 내가 섭섭해할 줄 알았던지 곧장 "농담입니다" 한다. 그런데 그 뒤에 이어서 "농담 속에 진담이 있습니다" 한다. 어디까지가 농담인지 헷갈리기는 했다.

선생님들을 비롯해 학교에서 일하는 모든 이들에게 방학이란 달콤한 시간이다. 그러기에 손꼽아 기다리는 방학, 무언가에 집중할 수 있는 방학, 설렘과 두근거림이 있는 방학을 맞을 수 있도록 해 보려고 이야기 마당을 펼쳐 봤다는 이야기를 늘어놓았다.

솔직히 인성과 덕성과 지성을 조화롭게 가르치는 학교 워크숍이 성과만을 내세우는 기업의 워크숍을 따라가는 듯해 못마땅한 마음도 살짝 들었던 게 사실이다.

힘이란 꼭 진지함이나 심각함이나 긴장 속에만 나오는 게 아니다. 가볍고 부드러움이 더 큰 힘을 내기도 한다. "긴장하지 말고 힘 빼!" 경기에 나선 운동선수들에게 감독이나 코치들은 한결같이 이런 말을 한다.

선생님들과 헤어지기

시청각실에서 선생님들 모두와 만났다. 그냥 마지막 인사를 하겠다고 했는데 교감 선생님이 '윤태규 교장 선생님의 아이 사랑 이야기'라고 펼침막을 만들어 무대 위에 걸었다. 내가 선생 일을 설렁설렁한 이야기부터 내놓았다.

선생 일 설렁설렁하니까 학교가 지겹지도 않고 아이들이 밉지도 않더라. 아이는 선생을 닮는다. 내가 지겨워하지 않으니 아이들도 재미있어 하고, 내가 아이들을 좋아하니 아이들도 나를 잘 따르더라.

내가 아이들을 많이 사랑한다고들 하는데 그게 다 설렁설렁에서 나왔다. 혼자서 교육을 다 책임지려고 하면 재미없고 힘만 든다. 내가 힘들고 재미없으면 아이들도 따라서 재미없다. 재미없고 힘든 학교를 어느 아이가 좋아하겠는가.

학교에서는 '잘'이 아니라 '재미'가 중요하다. 공부 '잘'하자가 아니고 공부 '재미있게' 하자이다. 운동 '잘'하자가 아니고 운동 '재미있게' 하자이다. 일기 '잘' 쓰자가 아니고 일기 '재미있게' 쓰자이다. 말로만 '재미'가 아니라 아이들이 '재미' 속에 쑥 빠져 살도록 이래저래 힘쓰고 살펴 줘야 한다.

교과서에 있는 지식은 교사 자격 없는 사람이라도 가르칠 수 있다. '성적 올리기'도 닦달하면 자격 없는 사람이라도 할 수 있다. 그러나 많은 아이들과 재미있게 설렁설렁 지내는 건 전문가가 아니면 할 수 없는 기술이다. 설렁설렁이 대충이라는 말이 아니라는 것을 듣는 선생님은 너무도 잘 안다.

일기 쓰기든, 책 읽기든, 글쓰기든, 무엇이라도 재미있게 설렁설렁 해야만 지속할 수 있다. 교사는 혼자 끝까지 달리는 사람이 아니라 이어달리기 주자 가운데 한 사람이다. 이를 앙다물고 하다 보면 나도 지치고 아이들도 지친다. 그래서는 초등학교 교육목표인 '습관 형성'으로 나아갈 수 없다. 대강 이런 이야기를 70분이나 했다.

사실 내가 선생 하면서 보낸 세월이 설렁설렁은 아니었다. 누구보다도 바쁘게 살았다. 지나고 돌아보니 설렁설렁해야 할 일을 설렁설렁하지 않아서 바쁘고 힘들었다. 바쁘다는 말을 입에 달고 쫓기듯이 살아온 것은 아이들을 위한 게 아니었다.

학급 평균 점수 높이기, 저축 실적 올리기, 육성회비 닦달하기, 체육성금 거두기, 운동장 조회 때 줄 똑바로 세우기, 받아쓰기 100점 목표 이루기, 각종 대회에 상 많이 타게 하기, 실내에서 뛰지 못하게 단속하기, 공문서 처리 잘 하기, 계획서와 보고서 번듯하게 꾸며 내기…….

쓰레기 더미에서 잡동사니를 캐내듯이 부끄러운 기억들이 앞다투어 튀어나왔다. 모두가 설렁설렁했으면 좋았을 일들인데 정작 그러지 못하고 거기에 매달려 끙끙거리기만 했던 것이다. '설렁설렁'은 어떤 일에는 짜증을 없애 주는 명약이고, 어떤 일은 더욱 신나게 하는 신비로운 약이다. 선생 설렁설렁할 일이다.

"모두모두 설렁설렁으로 아이들과 재미있게 선생 하세요. 선생, 해볼 만한 자리입니다."

제3장

함께하는
학부모

복도 벽을
분양합니다

우리 학교는 아이들이 워낙 많아서 학교 건물로는 드물게 5층까지 있다. 마치 낮은 층 아파트 두 동이 서 있는 모양새다. 이 두 건물을 이어 주는 구름다리 같은 연결 통로가 5층을 빼고는 층마다 있어 그나마 아파트와 구별된다. 두 건물에는 교실이 무려 백여 개가 들어 있다.

두 건물을 잇는 연결 통로는 한 곳이 아니라 두 곳에 모두 여덟 개가 있다. 동쪽에 있는 연결 통로 네 개는 교실까지 딸려 있는 복도이고, 건물 가운데에 있는 연결 통로 네 개는 마치 구름다리처럼 공중에 붕 떠 있다. 연결 통로 양쪽으로는 가림 벽을 높게 치고 그 위에 창문이 있어서 어지럽거나 위험하지는 않았다. 지붕이 있어서 비도 맞지 않는다.

그런데 3층을 잇는 가운데 통로 벽은 늘 지저분했다. 빗물이 새어 들어 벽면이 지저분한 것이 보기가 흉했다. 방수 처리 공사를 몇 번이나 해도 소용없었다. 고운 색으로 애써 페인트를 칠해 놓아도 장마철이 지나면 말짱 도루묵이다. 지날 때마다 눈에 거슬렸다.

"여기 이 지저분한 빗물 자국을 없앨 방법이 있을까요?"

어느 날 선생님들 몇 분과 그 통로를 지나면서 이야기를 꺼냈다.

"지저분한 자국 위에 예쁜 그림을 그려 넣으면 어느 정도 가릴 수 있지 않을까요?"

"그림 위로 물이 스며든 자국이 나면 더 지저분할 텐데요."

"물이 흘러내리는 그 자체가 그림이 되는 소재를 선택하면 되지 않을까요?"

"그림 위에 투명 니스를 두껍게 칠하면 괜찮을 겁니다."

"물고기들 사이로 미역이 길게 자라는 바닷속 풍경을 그리면 어떨까요?"

"그림으로 덮는 것은 대증요법에 불과합니다. 뿌리부터 고쳐야 합니다. 방수 처리 말입니다."

"벽화를 그리면 돼요. 아이들과 벽화를 그려 본 경험이 있어요. 제가 아이들과 한번 그려 볼까요?"

이런저런 이야기가 오고 가다가 미술교육을 담당한 이지은 선생님이 자기가 한번 그려 보겠다고 용감하게 나섰다.

"좋습니다. 대증요법도 치료는 치료이니 한번 해 볼까요?"

그림을 그려서 지저분한 것을 가려 보면 좋겠다고 생각하던 터라 이지은 선생님이 벽화를 그려 보겠다는 말을 먼저 꺼내 줘서 고마웠다. 풍선이나 물방울 그림을 생각했는데 일렁이는 해초를 그리겠다니 멋지다 싶었다.

이지은 선생님을 중심으로 벽화 그리기 추진단을 꾸렸다. 추진단에서 계획서가 금방 나왔다. 아주 꼼꼼하게 짰다. 2층 연결 통로는 '이야기 거리', 문제의 3층 연결 통로는 '바닷속 세상', 4층 연결 통로는 '민속놀이'를 주제로 그리기로 했다.

연결 통로뿐만 아니라 각 층마다 적당한 벽면에 그림과 좋은 시화를 그려 넣기로 했다. 시를 고르는 건 교장인 내가 맡았다. 연결 통로는 학부모 가운데 희망자를 뽑아 그림을 그리도록 했다. 그밖에 일반 복도 벽면은 가까운 학반을 중심으로 아이들과 선생님이 함께 꾸미기로 했다. 층마다 책임자도 정했다. 총괄 지도교사는 미술 담당인 이지은 선생님이다.

벽화는 1학기 안으로 끝내기로 했는데 두 달도 채 남지 않았다. 너무 촉박했다. 계획을 아주 촘촘하게 잘 짜기는 했지만 아무래도 벽화 그리는 기간을 비롯해서 몇 가지 의논을 더 해야 할 것 같아 날을 잡아 교감 선생님 두 분과 벽화 그리기 추진단 선생님들이 모였다.

"벽화 그릴 장소를 미리 정해서 맡기지 말고 희망자를 받아 보는 것은 어떨까요?"

"희망자를 받다니요. 누구를 대상으로요?"

담당자가 무슨 말인지 모르겠다는 표정으로 물었다.

"학생, 학부모, 선생님 우리 학교와 관계된 분들이면 누구나 대상이 되지요. 식구끼리 희망을 하든지, 또래 모둠끼리 희망을 하든지, 학급 단위로 희망을 하든지, 학부모들이 모둠을 만들어 희망하든지 마음대로 하면 되겠지요."

"그러니까 벽면을 희망자에게 분양한다는 말이네요."

교감 선생님이 알겠다는 듯이 고개를 끄덕이더니 말했다.

"분양? 분양 맞습니다. 그거 참 멋진 표현입니다."

분양이라는 한마디가 선생님들을 쉽게 이해시켰다.

"아주 좋은 아이디어인 것 같습니다. 대구시에서도 도시철도 3호 선 교각에 그림 그릴 사람을 공개 모집한다고 그러더라고요. 그 게 바로 분양이잖아요."

담당 선생님이 손뼉을 치며 좋다고 했다.

"스스로 희망해서 참여하면 보람도 느낄 것이고 그림도 다양하며 특색도 있겠네요."

하기 싫으면 핑계를 찾고, 하고 싶으면 방법을 찾는다더니 좋은 의견들이 속속 나왔다. 학교 누리집에 공개 모집 공고를 띄우고 종 이로도 가정통신문을 보냈다. 그림을 전공한 학부모들도 많아 희망 자가 넘칠 것이라는 담당자의 장담과는 달리 신청자가 별로 없었 다. 다행히 신청한 학부모 모둠이 몇 있어서 계획대로 2층, 3층, 4층 에 그림 그리는 일을 시작했다.

2층 이야기 거리에는 권정생 선생님의 '강아지똥'을 그렸다. 일반 복도 벽면에도 몇 군데 그림이 완성 되었다. 벽화 한쪽 귀퉁이에 그 린 날짜와 그린 사람 이름을 적기로 했다. 식구 단위로 참여한 모둠 도 있고, 학부모들로만 모인 모둠도 있었다.

도서 도우미들도 모둠을 만들어 동화책 표지를 예쁘게 그렸다. 여기저기 벽화가 완성되어 가면서 희망자가 더 늘어났다. 식구 단 위 희망자가 많았다. 벽면이 날마다 달라졌다.

거북이와 토끼가 경주를 하고, 사람을 태우고 달리는 호랑이, 도깨비 앞에서 노래를 부르는 능청스러운 혹부리 영감도 그렸다. 60년대 시골 모습도 정겹게 펼쳐지고, 난남이를 업은 몽실이, 아래 학년 아이들이 좋아하는 《구름빵》 그림도 벽면 하늘에 걸렸다. 사람들이 가장 많이 다니는 시청각실과 도서관 사이 벽면에는 천사 날개를 커다랗게 그려 놓아 사진을 찍을 수 있도록 했다.

어느 월요일 출근을 하니 밤새도록 벽화를 그리고 새벽 4시에 집에 간 학부모가 있다고 당직 전담원이 전했다. 얼른 뒷동 5층에 가 보란다. 어찌나 잘 그렸는지 벌어진 입이 다물어지지 않더라고 허풍을 떨었다. 당장 5층으로 가 봤다. 6학년 1반 교실 복도에서 시작한 어린 왕자 이야기가 몇 개 교실을 지나 복도로 이어졌다. 허풍이 아니었다. 진짜 입이 떡 벌어졌다.

새벽까지 벽화를 그린 사람은 6학년 1반 팽소연 학생의 어머니인데 상업 그림 전문가란다. 사람들이 많이 다니는 1층 벽면부터 분양을 하느라 5층은 한 곳도 분양이 되지 않았던 때다. 다른 층에는 예쁜 벽화가 자꾸 생겨나는데 5층은 깜깜무소식이라서 어머니의 재능을 아는 소연이가 졸랐던 모양이다. 그것도 그냥 조른 게 아니라 '졸업 선물'로 그려 달라고 했단다. 소연이 어머니는 졸업 선물이라는 말에 정신이 번쩍 들었단다. 바쁘다는 핑계로 학교에 거의 가지 못했는데 이 기회에 재능을 살려 딸에게 졸업 선물을 하고 싶어지더란다. 엄마와 딸의 이야기가 담긴 '어린 왕자'가 이렇게 태어났다.

다니는 사람이 적다고 삭막한 사막 취급을 받던 5층 복도 벽에 우렁 각시가 나타나서 번개처럼 오아시스를 만들어 놓았던 것이다.

딱지 따먹기

사북초 4학년 강원식

딱지 따먹기를 할 때

딴 아이가

내 것을 치려고 할 때

가슴이 조마조마한다.

딱지가 홀딱 넘어갈 때

나는 내가 넘어가는 것

같다.

-《딱지 따먹기》 (보리, 2002)

내가 담당한 시화도 4층 도서실 옆 벽에 그려졌다.

벽화 그리기 열기는 여름방학이 되어도 식지 않았다. 오히려 더 활기를 띠었다. 방학 어느 날 그려 놓은 벽화도 구경할 겸 복도로 가 봤다. 3층 복도에 한 식구가 벽화를 그리고 있었다.

"어허! 이 더운 날에 휴가도 못 가고 여기서 이래 고생을 하고 계시네요!"

미안해서 던진 말이다.

"교장 선생님, 무슨 말씀을 그리 하십니까? 우리 식구들은 휴가 내어 여기로 피서 왔습니다. 여기가 최고의 피서입니다."

아버지 한 분이 일손을 놓고 능청을 떨더니 아이스크림 한 개를 권했다. 그리고 보니 복도 바닥에 돗자리를 깔아 놓았다. 돗자리에는 과자 같은 간식도 있고 놀러 갈 때 가지고 다니는 커다란 스티로

폼 얼음 상자도 떡하니 놓여 있었다.

"복도는 에어컨도 안 되는데 더위 먹으면 어쩌려고요?"

이러면서 들고 있던 큰 부채로 설렁설렁 부쳐 줬다.

"안 그래도 국악 선생님이 전깃줄을 길게 연결해서 선풍기를 켜 준다고 했습니다."

"그래요? 여병동 선생님이 그랬어요?"

"예, 어제는 국악 선생님이 층마다 다니면서 위문 공연한다고 대금도 불어 주셨습니다. 학교에서 자꾸 이러니 괜히 부담이 되네요. 그림 솜씨도 없는데 말입니다."

국악을 지도하는 여병동 선생님은 대금 연주 실력자다. 무형문화재 예비 전수자 자리에까지 오른 분이다. 학교에서는 국악도 맡고 있으면서 수석 교사다.

2학기 개학 전에 벽화 그리기를 끝냈다. 벽화는 우리 학교에서 또 다른 명소가 되었다. 지날 때마다 지저분해서 마음 쓰이던 3층 연결 통로는 해초가 일렁이고 아름다운 고기들이 노니는 멋진 구경거리가 되었다. 배를 부수고 뒤집어 버리던 암초도 그 위에 등대를 세우니 배를 안전하게 인도하는 길잡이가 된다는 말이 여기에 딱 어울린다. 구경하는 길을 몇 갈래로 정해 두고 손님들이 오면 구경을 시켰다.

어느 날 학부모들과 선생님들에게 '그림책 재미나게 가르치기'라는 주제로 인천에 있는 강승숙 선생님을 초청해 강의를 열었다. 사진작가인 남편 노익상 선생님도 함께 왔다. 강의를 끝낸 선생님 부부에게 벽화를 자랑했다. 노익상 선생님은 사진기에 벽화를 정신없이 찰칵찰칵 담았다. 강승숙 선생님은 책 이야기를 많이 그려 놓아서 더 좋다며, 책을 알려 주고 권하는 기능도 되겠단다. 두 사람은 연신 감탄을 하면서 그림을 구경했다.

도서관에 빼꼭하게 앉아서 책 읽는 아이들을 보고 놀라고, 시청 각실에서 노래를 부르는 합창단, 강당에서 연습에 몰두한 국악관현 악단을 보고 감탄을 한다. 연결 통로에서 내려다보면 중간 뜰 가득 히 노는 아이들 때문에 또 놀란다. 여기저기서 반갑다며 달려와 교 장 품에 안기는 저학년 아이들을 보고 감동한다. 혁신 학교를 많이 다녀 봤지만 이렇게 아이들이 밝고 자유롭게 점심시간을 보내는 모 습은 처음 본단다.

체육관으로 안내했다. 체육관에는 공 천지다. 농구하는 아이들, 피구하는 아이들, 공 뺏기를 하느라 쫓고 쫓기는 아이들……. 학년 구분도 없고, 남녀 구분도 없다. 우리나라 어디에도 볼 수 없는, 마 치 북유럽에서 본 모습 같단다. 학교 안에 좋은 기운이 가득 넘치고 넘친다면서 연신 감탄, 감동을 하며 고개를 끄덕였다.

막걸리와
아버지 모임

교장 첫 발령을 받고 일 년이 지난 3월 초였다. 해마다 하는 학부모 참관수업을 보러 왔던 아버지 두 분이 교장실에 찾아왔다.

"교장 선생님, 점심때도 됐는데 점심 하러 나갑시다. 저희들이 점심 대접을 하고 싶습니다."

"아닙니다. 말씀만 들어도 고맙습니다. 오늘은 제가 점심시간에 아이들과 약속한 일이 있어서 밖으로 나갈 수가 없습니다."

"그렇다면 저녁 시간 어때요? 저녁에는 막걸리도 한잔할 수 있잖아요. 막걸리 잘하신다는 소문을 들어서 잘 알고 있거든요."

두 사람이 미리 작정을 하고 온 터라 피할 수가 없었다.

"그렇게 합시다. 막걸리는 제가 신고 턱으로 사는 겁니다."

퇴근하고 학교 앞 국밥집에서 만났다. 세 사람을 더 데리고 왔다. 저녁을 먹은 뒤에 전화를 받고 한 사람이 더 와서 모두 일곱이 막걸리를 마셨다. 처음에는 조심스러워하더니 술이 한잔 들어가니 자리가 한결 부드러워졌다. 어머니들이라면 아이 이야기를 주로 할 텐데 아버지들은 달랐다. 소개할 때만 누구 아버지라고 아이 이름을 말한 뒤로 아이 이야기는 거의 나오지 않았다.

그런데 한참 시간이 흐른 뒤에 한 분이 아이 이야기를 꺼냈다. 아들이 6학년인데 요사이 부쩍 자기와 거리를 두는 듯해서 불편하다고 했다. 그러자 여기저기서 처방이 나왔다. 우리 아이도 그랬다느니, 함께 캠핑을 가 보라느니, 용돈이 약이라느니 처방은 사람 수만큼 나왔다.

"걱정하지 마세요. 이제 슬슬 아버지보다는 동무들이 더 좋아질 나이입니다. 부모와 자연스럽게 거리 두는 겁니다. 잘 크고 있다는 증거이니 너무 걱정하지 마십시오."

나도 끼어들었다. 발달단계에 따른 아이 행동 특징이 나오고, 부모가 감당해야 할 거룩한 교육 이야기가 내 입에서 툭툭 튀어나왔다. 선생은 어쩔 수 없이 선생이다. 티가 난다.

"역시 교장 선생님입니다. 큰 도움이 되었습니다. 그런데 이 기회에 교장 선생님 모시고 정기적으로 교육 이야기 나누는 모임을 만들면 어떨까요? 막걸리도 마시고 이야기도 듣고요."

"그거 아주 좋은 생각입니다. 오늘 당장 만듭시다."

"저희들이야 좋지만 교장 선생님이 시간을 낼 수 있을까 싶네요."

"일주일에 한 번 정도 자리를 만듭시다."

"이참에 우리 상원초 아버지 모임을 결성하면 어떨까요?"

아버지 모임을 만들자는 제안까지 나왔다.

"학부모들과 아이 키우는 이야기 나누는 자리는 이미 있습니다.

목요일마다 저녁 7시부터 9시까지 야간 도서관이 열리잖아요?
거기에 아이와 함께 오세요. 아이는 학교 도서관에서 책 읽고, 학
부모들은 옆방에서 아이 키우는 이야기 합니다."
"거기는 어머니들만 가는 걸로 알고 있는데요."
"아닙니다. 아버지들도 환영합니다. 오시는 아버지들도 더러 있습
니다."
"좋네요. 여기 모인 사람들이라도 먼저 목요일 야간 도서관에 가
는 걸로 합시다."
"좋습니다. 그런 의미에서 한잔!"

학교에서는 목요일마다 야간 도서관을 열었다. 학교 도서관은 아
이들이 교실에 있을 때보다는 일과가 끝난 시간에 가끔 여는 게 좋
겠다 싶어서 일주일에 한 번 밤에 열기로 한 것이다. 안전을 위해
아이는 반드시 어른과 함께 와야 한다는 규정을 정해 두었다. 학부
모 한 분이 이웃집 아이까지 데려오기도 했다.

이렇게 모여서 아이들은 도서관에서 책도 읽고, 운동장에서 놀기
도 한다. 아이들 보호자로 온 학부모들은 그 시간에 회의실에 모여
서 아이 키우는 이야기를 한다. 서로 이야기꾼이 되어 자기가 가진
재능을 내놓아도 되고, 자랑을 해도 된다. 자랑은 '겸손하게'가 아니
고 될 수 있는 한 '건방지게' 하기로 했다. '건방지게 자랑하기'는 모
두를 이야기꾼으로 나서게 하기 위한 방편이다.

모임 이름도 교육이나 연수라는 말을 넣지 않고 '학부모들의 수
다 시간'으로 정했다. 가끔은 밖에서 특별 강사를 모셔 오기도 했지

만 주로 '건방지게 자랑하기'로 이야기를 진행했다.

구청에서 내는 소식지에 홍보까지 했지만 '학부모들의 수다 시간'은 생각처럼 잘 되지 않았다. 늘 썰렁했다. 어떨 때는 대여섯 사람만 모일 때도 있었다. 이러한 형편에 아버지 대여섯 사람이 함께 해 준다면 이건 그야말로 대박이다. 거기다가 자기들만 오는 게 아니라 가까이 지내는 사람에게 알려서 같이 오겠단다. 한껏 기대가 되었다. 술자리도 오늘 같은 술자리라면 날마다 있어도 좋겠다 싶었다.

그런데 야간 도서관 '학부모들의 수다 시간'에 대박은 없었다. 잔뜩 기대를 가지고 야간 도서관을 기다렸던 만큼 실망도 컸다. 더 데려오기는커녕 그날 모인 여섯 사람 가운데 딱 한 사람만 온 것이다. 하기야 그날 아버지들이 '학부모들의 수다 시간'에 꼭 참석하기로 약속한 건 아니었다. 나는 그날 아버지들에게 야간 도서관 소개를 했고, 아버지들은 맞장구를 쳤고, 술기운인지 기대감인지 모르지만 건배를 함께 외친 게 다였다.

"교장 선생님, 아무래도 다시 막걸리 마시는 자리에서 만나든지 해야 할 것 같아요. 솔직히 어머니들과 같이 만나는 건 별로예요. 저도 오늘 많이 망설이다 왔어요."

이래서 방향을 바꾸어 다시 정한 게 '아버지끼리 만나는 날'이다. 목요일마다 한 달에 네 번 열리는 '학부모들의 수다 시간' 가운데 둘째 목요일을 '아버지끼리 만나는 날'로 가져온 것이다. 야간 도서관 수다 시간을 어머니와 아버지로 나누어 놓으니 아버지들이 제법 모였다. 막걸리 마시는 뒤풀이로 이어지는 게 좋아서 오는 사람도 있었지만 그러면 어떠랴. 아버지 모임 회장과 총무도 뽑았다. 심부름을 맡은 분들이 섭외를 하여 학교 밖에서 강사를 데려오기도 했다.

밖에서 강사가 오는 날에는 어머니들도 이야기를 듣겠다고 함께 했다. 어머니들이 모이는 수다 시간에 특별 강사가 오면 아버지들이 품앗이하듯이 더러 참석을 했다. 두 모임에 작은 경쟁 같은 것이 생기면서 제법 잘되는 듯했다.

아버지 모임이 나서서 '가족이 함께하는 앞산 등산' 행사도 하고, 여름방학에는 운동장에서 '뒤뜰 야영'도 했다. 아버지 회원 수가 생각만큼 늘지 않아 아쉬움이 있었지만 모임의 기반은 마련했다.

이렇게 의욕을 가지고 시작한 아버지 모임이 제대로 자리 잡는 것을 보지 못하고 나는 학교를 옮겨야 했다. 생각하지도 못한 갑작스런 이동이었다. 옮긴 학교에서 아버지 모임 소식을 가끔 듣기는 했다. 아이들 안전 때문에 야간 도서관이 없어지면서 끝내 흐지부지되고 말았다는 아쉬운 소식을 들었다.

옮긴 학교에서도 아버지 모임이 있었으면 하는 바람이 있었다. 지난 학교처럼 쉽게 사그라지는 모임이 아니라 끊어지지 않고 스스로 힘으로 굴러갈 그런 아버지 모임을 보고 싶었다. 그런 뜻을 몇몇 아버지들에게 슬쩍 흘리기는 했지만 내가 앞장서서 나서지는 않았다. 지난 학교에서는 내가 너무 앞장서서 깊이 끼어든 바람에 실패했기 때문이다.

그러던 어느 날 운영위원장이 아버지 모임 이야기를 꺼냈다. 이번에는 술자리가 아니라 교장실에서다. 그것도 그냥 지나가는 말이 아니고 자세한 밑그림까지 그려서 왔다.

"교장 선생님, 우리 학교 아버지 모임을 한번 만들어 볼까 싶은데 괜찮을까요?"

"괜찮고말고요. 부모님들이 스스로 모임을 만들겠다는데 그걸 학교에서 하라 마라 할 수가 없지요."

"잘 달리고 있는 우리 학교 어머니들 모임에 발맞추려고 마음을 내봤습니다."

"학교에서 도울 게 있으면 도울게요. 그러나 어디까지나 자율, 자생 모임입니다."

"그럼요. 교장 선생님만 좋다면 우리끼리 모임을 제대로 만들어 보려고 합니다."

이러면서 준비위원장이 종이 한 장을 펼쳐 보였다. 준비 모임에서부터 결성 모임까지 자세한 계획이 잘 짜여 있었다.

"꼼꼼하게 짰네요. 위원들이 머리를 맞대고 잘 준비해서 해 보세요. 다시 말씀드리지만 아버지 모임은 어디까지나 자생 모임이고 자율 활동을 하는 겁니다."

자생과 자율을 몇 번이고 들먹이며 강조했다.

"교장 선생님 말씀 잘 알겠습니다. 저희들이 한번 제대로 해 볼 생각입니다."

운영위원장을 중심으로 한 아버지 모임 준비위원들이 차근차근 준비를 잘해 나갔다. 학부모 모임이 있을 때마다 준비위원들이 앞장서서 홍보를 했다. 온라인 소통 공간인 카페와 밴드도 만들었다.

여름방학을 앞두고 팔공산 교육 연수원 캠핑장에서 백여 가족이 넘게 참가한 '아버지와 함께하는 캠프'도 열었다. 운영위원장은 제대로 준비하고 출발해야 지속성이 있다면서 예비 모임도 수차례 가졌다. 그렇게 바탕을 하나하나 다지고 점검해 나갔다.

운영위원장은 여러 모임과 조직의 운영을 많이 해 본 분이다. 운영위원장이 처음 운영위원으로 들어올 때 행정실과 교무실은 난리가 났다. 운영위원 모집 공고에 이상한 사람이 지원을 했다는 거다.

"교장 선생님, 큰일 났습니다. 방금 이런 사람이 운영위원 지원서를 내고 갔습니다."

교감 선생님과 행정실장이 운영위원 지원서를 들고 교장실로 들어왔다.

"왜요?"

"여기 보세요. 경북교육연대 대변인이라고 써 놓았잖아요. 운동권입니다. 그것도 아주 강성입니다. 골치 아프게 되었습니다."

행정실장이 큰 낭패라도 난 듯이 지원서를 내놓고 말했다.

"교육연대에서 일하는 분이라면 교육을 잘 알겠네요. 잘되지 않았어요?"

"교장 선생님은 우리 학교 운영위원을 아직 잘 몰라서 그럽니다. 안 그래도 지역위원 한 사람이 운동권이라서 사사건건 골치 아프게 하는데요."

교감 선생님도 행정실장과 같은 생각인 모양이다.

"괜찮습니다. 우리가 잘못하고 있는 것을 이래저래 지적해 주면 좋은 일이지요. 운영위원회가 그러라고 있는 거잖아요."

이렇게 행정실장과 교감 선생님을 벌벌 떨게 하면서 들어온 사람이 지금 아버지 모임을 만들겠다고 발 벗고 나선 운영위원장이다.

많은 홍보와 여러 차례 예비 모임을 거쳐서 학년이 시작되기 전인 2월에 드디어 아버지 모임 첫발을 내딛었다. 모임 이름은 '동평 아버지 모임' 줄여서 '동아모'라고 이름을 지었다. 동아모는 활발한 활동을 펼쳐 나갔다.

가장 먼저 시작한 것은 '우리 아이는 우리가 지킨다'는 학교 둘레 방범 활동이다. 경찰서와 연계하여 방범 연수를 받고 두 사람씩 짝을 이뤄 학교 둘레 방범 활동을 시작했다. 순찰 앞뒤로 사진과 함께 활동 내용을 밴드에 올려 회원들이 공유했다. 밤이 되면 무섭기만 하다던 학교 앞 어린이 놀이터는 방범 활동 덕택에 밤에도 즐겨 놀 수 있는 놀이터가 되었다.

봉사 정신으로 출발한 동아모는 든든하게 잘 굴러갔다. 마을 가운데로 흐르는 팔거천 탐험, 동아모와 함께 자전거 타기, 연날리기, 함지산 오르기, 가족 오락관…….

동아모 활동 가운데 오랫동안 기억에 남는 게 있다. 2014년 7월 16일 저녁에 학교 시청각실에서 열었던 토론회다. '아버지와 함께 하는 교육 대토론회'라는 이름을 걸고 사람을 모았다. 토론하는 이도 이야기를 듣는 이도 모두 학부모다. 주제는 '현장학습'과 '학원 공부'였다. 세월호 사고로 모든 학교가 수학여행이나 현장학습을 자제하고 있을 때인데 '현장학습'은 민감한 주제였다. 이 주제는 세월호 참사 훨씬 전에 정해서 준비를 하고 홍보해 오던 것이었는데 더 관심을 끌게 되었다.

권정훈 동아모 회장이 토론을 아주 잘 이끌었다. 토론에 참여한 사람은 모두 네 명이었는데 준비를 많이 해 왔다. 외국 사례까지 이야기를 나눈 열띤 토론이었다. 세월호로 시작한 안전에 관한 문제, 수학여행이나 수련 활동의 내용이나 문제점, 교육 효과, 생활지도 문제점, 학교와 학부모의 관점까지 깊이 있게 이야기했다.

학교를 퇴직한 뒤에도 동아모 프로그램에 초대를 받아 몇 차례 가 보았다. 여러 가지 프로그램을 재미있게 창의력을 발휘하여 잘 운영하고 있었다.

동아모는 한 학교 안에서뿐만 아니라 온 마을의 심부름꾼을 하기로 마음먹고 나섰다. 이웃 세 학교와 연대하여 지역 교육 공동체인 '우리 마을 교육 나눔' 활동으로까지 영역을 넓혀 갔다. 지자체로부터 예산 도움을 받으면서 더더욱 힘을 받아 갖가지 프로그램으로 아이들을 힘나게 한다.

이런 프로그램이 아쉽게도 요사이 대부분 멈춰 서고 말았다. 코로나19라는 무서운 돌림병 때문이다. 철도공단 도움을 받아 지상철 열차를 통째로 빌려 달리는 '꿈을 찾는 하늘 열차' 프로그램도 멈춰 버려서 동아모 회원들과 아이들을 안타깝게 하고 있다.

2020년 6월 20일, 동아모 밴드에 이런 알림 글이 떴다. (퇴직한 지 몇 해가 지났지만 아직도 동아모 밴드에서 탈퇴하지 않았다.)

- 동아모 회원님들 잘 지내고 있지요?

코로나19로 인해 만나기가 힘드네요.

오랜만에 모임을 엽니다. 많이 참석해 주세요.

워크숍 형태로 많은 이야기 나눌 계획입니다.

1. 언제 : 2020년 6월 27일(토)~6월 28일(일) 1박 2일

2. 어디서 : 청송펜션

3. 숙박비 35만 원은 동아모 회비에서 지출

4. 먹을거리 비용 : 참석자 1/n

5. 토요일에 출근하는 사람은 늦게 오셔도 됩니다.

6. 펜션에는 우리끼리만 있습니다. 언제든 도착해도 됩니다.

※ 명예 회원분들도 환영합니다. ※ 마스크는 잊지 마시고 꼭!

동아모는 점점 힘을 내면서 죽 이어 가고 있다. 자녀가 졸업해 회원 자격을 잃은 초대회장을 비롯한 초창기 회원들은 회원 앞에 '명예'라는 이름을 달고 지금도 봉사하고, 도움을 주고 있다. 이러니 모임의 자생력은 더 세지고 탄탄해질 수밖에 없다.

잘 노는 아이가
공부도 잘한다

아무리 생각해도 나는 아이들과 놀기 좋아하는 선생이다. 초임 때부터 그랬다. '아이들에게 놀이는 삶 자체고 목숨과 같은 것이다.' '아이들은 잘 놀아야 공부도 잘한다.' '공부와 일과 놀이가 하나 되도록 하자.' 뭐 굳이 이런 생각을 해서가 아니라 아이들과 노는 게 그냥 좋았다.

젊은 교사 시절, 주말이 되면 빵이나 과자를 준비해서 아이들을 불러 모아 별별 곳을 다 찾아다녔다. 산골짜기 도랑에서 가재를 잡기도 하고 등산도 다녔다. 학교 가까운 곳에 있는 산과 골짜기들은 모두 우리들 놀이터였다. 어떨 때는 1박 2일 여행도 했다.

학교에서 20킬로미터가 넘는 경상북도 도립공원 청량산으로 걸어서 1박 2일 등산을 간 적이 있다. 6학년 담임 때다. 골짜기에 텐트를 치고 하룻밤 잘 생각이었는데 갑작스럽게 비가 내려서 가까운 초등학교 교실로 피신하여 하룻밤을 지낸 일이 있었다. 지금도 나와 그들에게는 생각할수록 달콤한 추억이다.

그때는 시골 학교에 전기가 없었다. 그렇다고 촛불을 켤 수도 없었다. 위험해서다. 손전등을 비춰 잠자리를 대충 보고는 그냥 잤다. 내가 가운데 눕고 남자아이들과 여자아이들을 양옆으로 갈라 자게 했다. 그 일로 학부모들로부터 비난을 많이 받았다. 겉으로는 집안일을 도와야 할 아이들을 데리고 놀러 다닌다는 것이었지만, 실제로는 남자아이와 여자아이를 한 교실에 잠재운 것에 대한 불만이었다. 학부모들이 나에게 대놓고 쓴소리를 하지는 않았지만 그런 불만이 소문으로 들렸다. 아이들 일기에도 보였다. 어떤 집에서는 아이가 선생님 따라 놀러만 다닌다고 공부하라고 사 준 문제집을 태워 버린 일도 있었다.

아이들과 이렇게 노는 걸 좋아하면서도 아이들에게 시험 성적을 어지간히도 닦달한 것 같다. 그때는 다달이 '일제 고사'를 쳤는데 시험 결과라는 한 가지 잣대를 가지고 온갖 줄 세우기를 했다. 높은 성적을 받은 아이는 '품행까지 방정'한 착한 아이고, 점수가 낮은 아이는 큰 죄를 지은 아이가 되어 벌 청소도 해야 했다.

아이만 그런 게 아니었다. 평균 점수가 높은 학반 담임은 훌륭한 교사이고, 학반 성적이 낮으면 실력 없는 교사 취급을 받아야 했다. 아이들과 놀기를 좋아했으니 그 과보는 당연히 받아야 하건만 학급 평균이 낮게 나온 까닭을 모두 아이들에게 덮어씌워서 화를 내고 벌을 주곤 했다. '놀 때 놀고 공부할 때 공부하자' 이러면서 말이다. 어리석고도 어리석었다.

아이들을 힘들게 했던 일들이 줄줄이 따라 나온다. 화를 내고, 회

초리를 들고, 소리를 지르며 겁을 주는 내가 보인다. 그 어린 영혼들이 얼마나 무서웠을까? 생각하면 가슴이 미어진다. 재미있게 놀았던 기억 틈새로 아이들을 힘들게 했던 영상이 자꾸 돌아간다. 못난 선생! 영상 재생 버튼을 똑 끄고 아이들과 재미있게 놀았던 추억을 꺼낸다.

교사가 된 지 10년이 넘을 즈음에 '한국글쓰기교육연구회'라는 단체가 처음 생겼다. 인연이 닿아서 회원이 되었다. 글쓰기회는 이오덕 선생님을 중심으로 선생 제대로 해 보자고 전국에서 모인 사람들이 만든 단체다. 주로 교사들이었지만 교육을 걱정하고 아이들을 사랑하는 학교 밖 사람들도 있었다. 모임에서 내세우는 것은 '참 삶을 가꾸는 글쓰기 교육'이었지만 그 바탕에 깔린 생각은 '아이 사랑'이었다. 교육 걱정도 아이 사랑에서 나오고, 민주 학급 운영도 아이 사랑이 바탕이고, 글쓰기도 아이 사랑이 뿌리였다.

글쓰기회는 어리석기 그지없는 나를 그래도 꽤 괜찮은 선생 노릇하며 살도록 만들어 줬다. 젊은 패기 하나로 좌충우돌하던 나에게 확실한 등대가 되어 주었다. 아이 사랑법을 배우고 익혔다. 그때 거기서 알았다. 내가 아이들과 잘 노는 게 부끄러운 게 아니라는 것을.

글쓰기회를 만나고부터는 휴일이나 방학 때만이 아니라 교실 운영 자체가 놀이가 되어 갔다. 공부와 일과 놀이가 하나 되어야 한다는 이오덕 선생님 말씀은 이런 나에게 날개를 달아 주었다. 숙제도 놀이, 방학 과제도 놀이, 일기 쓰기도 놀이, 말하기도 놀이, 책 읽기도 놀이, 청소도 놀이, 심지어는 벌까지 놀이가 될 수 있었다.

"옆 짝에게 부채질 열 번 해 주세요." 이런 벌은 놀이다.

'모여서 콩 볶아 먹기'는 열 번을 해도 싫증 나지 않는 모둠 과제 놀이다.

"너희들 이렇게 말 안 들으면 이제부터 일기 쓰기 안 할 거다." 1학년 담임할 때 아이들에게 이런 엄포를 놓았던 적이 있다. 아이들이 잘하겠다고 싹싹 빌어서 다시 일기 쓰기를 했다. 이쯤 되면 아이들에게 일기 쓰기는 재미있는 놀이가 분명했다. 그 덕에 그해 1학년과 놀이처럼 쓴 일기를 묶어 《내가 처음 쓴 일기》라는 제목으로 책을 펴냈다.

글쓰기회 연수에서 가끔 사례 발표를 할 기회가 있었다. 주로 아이들과 놀았던 이야기가 중심이 된 '학급 운영'을 발표했다. 이런 '학급 운영' 강의는 1급 정교사 자격 연수에도 여러 번 요청받아서 했다. 다른 시도 교육청이나 지방자치단체 학부모 모임에서도 초청받아 강의를 했다.

1학년 담임을 할 때는 학교 바로 뒷동산에서 손쉬운 놀이로 하루를 시작하기도 했다. 우리는 뒷동산 잔디밭에서 수건돌리기나 닭싸움을 한바탕 벌였다. 그게 아침 활동이다. 학교에 늦게 오던 아이들도 재미있는 아침 놀이 때문에 자연스럽게 학교에 빨리 왔다.

공부 시간이 지루하다 싶으면 마술 공연도 가끔 했다. 요즘은 마술 학원에서 마술을 배우는 아이들이 더러 있어서 신비감이 줄었지만, 그때는 마술 한두 가지만 알고 있어도 흐트러진 아이들 눈을 반짝반짝 빛나게 할 수 있었다. 지루한 시간에는 더할 수 없는 명약이다.

마술을 보여 준 다음 날에는 많은 아이들이 일기에 마술 이야기를 쓴다. 선생님이 마술을 시작하면 가슴이 두근두근한다는 아이,

아무리 생각해도 신기하기만 하다는 아이, 부모님 앞에서 선생님 마술을 흉내 내 봤는데 도저히 안 되더라는 아이, 선생님이 마술사라서 자랑스럽다는 아이도 있었으니 내 마술 실력은 갈수록 늘고 좋아졌다.

교장이 되니 더 많은 아이들을 놀게 할 수 있어서 좋았다. 한 개 반 아이들과 하던 놀이를 전교생과 함께 즐길 수 있게 되었다. 교장으로 첫 발령받은 학교가 산 밑에 있어서 놀기 딱 좋았다. 아이들도 500명 정도이니 맞춤했다. 아침 시간에 놀기, 쉬는 시간에 놀기, 점심시간에 놀기, 복도에서 놀기, 운동장에서 놀기, 뒤뜰과 앞뜰에서 놀기……. 시간과 장소에 얽매이지 않고 실컷 놀게 하자는 생각을 가장 먼저 했다. 아이들은 잘 놀아야 공부도 잘한다. 틀림없다.

아이들은 다음 공부 시간을 위해서 잠깐 쉬는 게 아니라, 잠깐 쉬는 시간을 위해서 공부 시간을 견딘다. 마음껏 뛰놀 수 있는 점심시간이 있어서 하루 여섯 시간 공부도 거뜬하게 견딘다. 골목이 사라진 오늘날 동무들과 신나게 뛰어놀 수 있는 곳은 학교뿐이다.

그런데 학교마저 아침 시간은 하루 공부 준비하는 시간이고, 시간마다 있는 쉬는 시간은 노는 시간이 아니라 화장실 갔다 와서 다음 공부 준비하는 시간이고, 점심시간은 안전을 위해서 교실이나 도서관에 앉아 있어야만 한다면 선생님들이 아무리 수업을 재미있게 이끈다고 해도 학교는 즐거운 곳이 될 수 없다.

어른들에게 일을 빼앗으면 생활 모두를 빼앗는 게 되듯이 아이들에게서 놀이를 빼앗으면 삶을 몽땅 빼앗는 게 된다. 자기 삶을 빼앗긴 아이는 행복할 수가 없다. 아이는 행복해야 바르게 자란다.

교장이 된 첫해부터 선생님들과 의논해서 놀이가 중심이 되는 학교 특수 시책을 정했다.

'틈새 놀이마당'과 '숲속 학교'는 하루 일과 가운데 쉬는 시간을 잘 조절해서 놀이 시간을 길게 주자는 게 목적이다. 아이들이 쉬는 시간에 편을 갈라서 한 가지 놀이라도 하려면 적어도 30분 정도는 쉬는 시간을 몰아주어야 할 것 같았다. 그래서 생각한 게 '블록' 시간 운영이다.

첫째 시간과 둘째 시간을 묶은 1블록 마치고 40분 놀기(틈새 놀이마당, 숲속 학교)

셋째 시간과 넷째 시간을 묶은 2블록 마치고 60분 놀기(점심시간, 수요 놀이마당)

다섯째 시간과 여섯째 시간을 묶은 3블록 마치고 놀기, 학원 가기, 집에 가기

1블록 마치고 40분 놀기, 2블록 마치고 60분 놀기, 3블록 마치고는 집에 가는 시간이다. 이렇게 모든 공부 시간을 블록으로 묶으니까 오전에 40분 틈새 놀이마당 시간을 묶어 내기도 좋고, 학교 전체가 같은 시간으로 운영되고, 오후에 마치는 시간도 블록 시간 운영을 하지 않을 때보다 늦어지지 않아 괜찮기는 했다.

그러나 문제가 있었다. 40분 틈새 놀이마당 시간을 맞추기 위해 전교생이 교과나 교재 특성을 헤아리지 않고, 똑같이 80분씩 앉아서 공부를 한다는 게 문제였다. 아무리 놀이 시간을 갖기 위해서라고 하지만 모든 교과 수업을 블록으로 한다는 것은 억지고 무리였다.

그래서 바꿨다. 오전에 40분 틈새 놀이마당을 한 번 갖는 것을 기

본으로 하고, 그 밖에 모든 시간은 융통성 있게 짜기로 한 거다. 그러니까 오전 1블록을 어디에 넣느냐에 따라서 틈새 놀이마당은 첫째 시간 마친 뒤가 되기도 하고, 둘째 시간, 셋째 시간 마친 뒤가 되기도 했다. 오후 블록 수업은 필요에 따라 넣든지 빼든지 자유롭게 했다. 이렇게 하니 학급마다 학년마다 수업 시작 시간과 마침 시간이 다 달랐다.

점심 시작 시간이나 일과를 마치는 시간도 10분 정도 차이가 나며 들쭉날쭉이 되었다. 운동장을 비롯한 학교 여기저기에서는 틈새 놀이마당이 오전 내내 이어졌다. 시작과 마침 종을 울릴 수가 없었다. 그래서 아예 시작과 마침을 알리는 종소리를 없애 버렸다. 첫째 시간 시작하는 종소리만 울리고 하루 종일 종소리가 없는 학교가 되었다.

운동장이 교실과 떨어져 있어서 틈새 놀이마당에서 떠드는 소리는 다른 교실 공부에 방해되지 않았다. 운동장도 넓은 편이라서 체육 시간과 틈새 놀이마당이 겹쳐도 크게 불편하거나 문제되지 않았다. 모든 게 해결되었다.

숲속 학교는 운영 시간을 따로 확보하지 않았다. 틈새 놀이마당 시간에 숲속 학교가 이루어지는데 일주일에 한 번 학교 뒷산에 갔다 온다. 이름이 숲속 학교이지 학반별로 뒷산 걷는 시간이다.

방법은 이러했다. 담임 선생님이나 책임을 맡은 아이가 징을 들고 가장 앞에 선다. 뒤에 선 아이들은 '사랑합니다' '고맙습니다'를 마음속으로 외면서 한 발 한 발 천천히 산길을 걷는다. 식구들이나 동무를 마음속으로 생각하며 그 사람에게 사랑을 보내고 고마운 마음을 보낸다. 그렇게 걷다가 앞잡이가 징을 크게 울리면 모두 걸음을 딱 멈추고 눈을 감는다. 말도 하지 않는다. 얼음이 되는 거다. 반면에 귀는 쫑긋 세워 바람 소리도 듣고 새소리도 듣는다. 그러다가 징이 다시 울리면 눈을 번쩍 뜨고 또 '사랑합니다' '고맙습니다'를 외면서 앞사람을 따라 걷는다. 그렇게 걸어서 숲속 학교라고 정해 놓은 평평한 곳에 이르면 이 엄숙한 걷기는 끝나고 노는 시간이다.

오가는 시간을 빼면 노는 시간이 짧지만 그 짬을 내어 노래도 부르고, 닭싸움도 하고, 식물 이름 맞히기도 한다. 이게 숲속 학교다. 이 걷기는 어느 명상 단체에서 배운 것인데 아이들에게 적용해 본 거다.

아이들이 기도하는 마음으로 천천히 걷고, 눈을 감아 청각을 열어 미세한 소리를 들어 보는 게 에너지가 펄펄 넘치는 아이들의 신체 리듬에 맞을까 싶었지만 그런대로 아이들이 재미있어 했다. 하기야 교실을 떠나 산에 가는데 그깟 눈 좀 감고, 속으로 몇 마디 중얼거린다고 싫어할 까닭은 없지 않은가.

틈새 놀이마당에 아이들은 주로 운동장에서 놀지만 학교 안이면 어느 곳에서 놀아도 된다. 선생님들은 아이들과 같이 놀고 싶으면 함께해도 되지만 일부러 지도하려고 아이들과 같이 놀 필요는 없다. 다만 숲속 학교만은 학교 밖 활동이니까 담임 선생님이 꼭 함께했다.

두 번째 '수요 놀이마당'은 아이들이 학교에서 부모님들과 같이 놀도록 짜 놓은 것이다. 수요일에는 틈새 놀이마당이 없다. 대구에 있는 모든 초등학교는 수요일에 오전 수업만 했다. 그러니 아이들은 학교에서 점심을 먹고 저마다 방과 후 활동을 하거나, 학원이나, 집으로 가면 됐다. 그래서 생각한 게 수요 놀이마당이다. 점심밥을 배불리 먹었으니 곧바로 집에 가지 말고 운동장에서 뚱뚱해진 배 좀 꺼져서 가라는 거다.

수요 놀이마당 참가는 순전히 자기 선택이다. 수요 놀이마당 시작부터 끝까지 놀든지, 방과 후나 학원 시간을 피해 잠깐잠깐 놀다 가든지 그건 아이 마음대로다. 방과 후나 학원 가는 시간을 빼먹고 이 수요 놀이마당에 참여하는 아이들이 있다면 더 좋은 일이라고 속으로 생각했다. 그러자면 무엇보다도 놀이마당이 재미있어야 한다.

선생님들은 이 놀이마당에 참여하지 않는다. 오전 수업만 있는 수요일에는 출장이 많기도 했고, 선생님들은 밀린 일을 이 수요일에 대부분 해결했다. 그래서 수요 놀이마당 진행자는 오롯이 '학부모 놀이 도우미'들이다.

학교에는 '학부모 방'이라는 팻말이 달린 방이 하나 있었다. 교실 반 칸 크기다. 행정실 옆 여유 있는 공간을 손질하여 학부모 방으로 만들었다. 사무용 책상과 걸상, 소파도 재활용품으로 들여놓았다. 차를 마실 수 있는 자리도 마련해 놓고 전화기도 한 대 연결했다. 오후 내내 거기서 일하는 상근자도 한 명 있다. 학부모회 총무 겸 방과 후 코디네이터이다. 학부모회 임원을 뽑을 때 그 두 가지 일을 모두 맡을 사람을 뽑았다. 그러니까 학부모회 총무를 맡은 사람이 방과 후 코디네이터가 된다는 말이다. 코디네이터는 교육청에서 정식으로 보수가 나온다.

상근자가 있는 학부모 방은 학부모들에게 아주 편리한 공간이 되었다. 학부모들은 아이에게 볼일이 있어 학교에 와도 복도에서 서성거리는 일이 많았는데 그 불편함이 해결되었다. 부담 없이 들어가서 차도 한잔 마시면서 기다리고 쉴 수 있는 이 공간을 학부모들이 아주 좋아했다.

학부모 방에서는 생각보다 많은 것들이 이루어졌다. 학부모 방을 중심으로 한 학부모 활동 계획서가 시교육청에 뽑혀 운영비 300만원을 지원받았다. 학교 자체 예산에서도 학부모 방 운영비를 책정했다. 돈도 있고, 일할 사람도 있고, 공간도 있으니 학부모회가 아주잘 돌아갔다.

가장 먼저 시작한 학부모회 사업이 목요일 저녁마다 도서관에 강사를 초청하여 학부모 공부방을 연 일이다. 학부모들이 아이 키운경험담을 돌아가면서 나누는 정말 괜찮은 행사였다. 외부 강사를초대하기도 했지만 모두 무료 강의다.

학부모 동아리도 생겼는데 등산 동아리와 야생화 동아리가 생겼다. 학부모 방이 자연스럽게 학부모 동아리 방의 거점이 되었다. 모여서 이야기도 나누고 실제 현장학습도 가곤 했다. 점심을 싸 가지고 소풍 가듯이 갔다.

'놀이 도우미' 동아리도 생겼다. 아이들 놀이에는 원래 어른들이도우미니 뭐니 하면서 끼어들지 않는 게 좋다. 시간과 공간만 있으면 어떻게든 노는 게 아이들이다. 그런데 요즘은 다르다. 요즘 아이들은 놀 줄 모른다. 시간과 공간이 있어도 그냥 빈둥거린다. 보는 사람도 아이도 정말 재미없는 게 이 빈둥거림이다. 오죽하면 차라리학원에 가서 공부하는 게 낫다는 말이 나오겠나.

실제로 아이들이 소통 칠판에 '수요 놀이마당 없애 주세요' 하고 요구 사항을 쓰기도 했다. 학원이나 방과 후 때문에 놀이마당에 나오지 못하게 되어 심통이 나서 그렇게 쓴 아이도 있겠지만, 축구 말고는 놀 줄 모르는 아이에게 수요 놀이마당은 자기들 축구하는 데 걸림돌이 되기만 했을 것이다. 아이들은 재미가 없으면 암만 뭐라고 해도 하지 않는다. 그래서 놀이가 재미있다는 것을 가르쳐 주고 앞에서 이끌어 줄 어른이 필요했던 것이다.

수요 놀이마당에 아이들이 생각처럼 많이 모이지 않았다. 놀이 도우미들은 놀이마당에 미끼를 살짝 내놓았다. 아이들이 좋아하는 아이스크림이다. 학부모회 살림을 자린고비처럼 짜게 쓰는 사람들이 수요 놀이마당에는 제법 썼다. 그렇다고 아이들이 구름처럼 모여들지는 않았지만 놀이 도우미들의 열정과 아이스크림은 수요 놀이마당에 오는 아이들 수를 꾸준히 유지해 주었다. 학원을 끊고 오는 아이도 더러 생겨 놀이 도우미를 신나게 할 때도 있었다. 학부모 놀이 도우미 동아리는 학교에서 가장 잘된다는 야생화 동아리 '애기똥풀'을 제치고 최고 인기 동아리가 되었다.

학부모 놀이 도우미 가운데 만삭이 될 때까지 도우미 활동을 한 찬이 어머니가 있었다. 5월 어느 날 찬이 어머니가 교장실에 왔다. 아기를 낳으러 들어가기 때문에 놀이 도우미를 당분간 못 하게 되어 아쉽다고 했다. 2학기에 다시 나오겠단다. 마치 출산휴가 들어가는 선생님들처럼 신고를 하고 놀이 도우미 출산휴가에 들어간 것이다. 그해 9월에 내가 갑작스럽게 학교를 옮기게 되었을 때, 여러 학부모 동아리 회원들이 중심이 되어 송별회 자리를 열었는데, 그때

찬이 어머니와 아버지가 어린 아기를 안고 참석했다.

"아니, 찬이 어머니가……."

"교장 선생님께 따지러 왔어요. 우리 학부모들 모두 엄청 놀란 거 알지요? 그리고 2학기 때 보자던 약속을 왜 어기세요?"

이러더니 아기를 자기 남편에게 맡기고는 나를 붙잡고 그만 엉엉 울어 버렸다.

"찬이 어머니, 제가 없어도 수요 놀이마당은 잘될 테니 그리 알고 아이들과 잘 노세요. 그나저나 아기 때문에 도우미는 할 수 있겠 어요?"

"쳇, 약속도 안 지키면서 우리 학교 걱정은 왜 하세요? 가시는 학 교에서나 수요 놀이마당 잘하세요. 알겠지요?"

"알겠습니다."

그러나 찬이 어머니도 나도 약속을 지키지 못했다. 찬이 어머니 는 아기 때문이고, 나는 옮긴 학교가 너무 크고 운동장은 손바닥만 해서 도저히 놀이마당을 열 수가 없었다.

놀이마당과 관련해 짧은 이야기가 또 하나 있다. 2011년 여름방 학에 캐나다 여행을 간 적이 있는데 로키산 빙하 계곡에서 곤돌라 를 탔다. 한국에서 온 초등학교 어린이 세 명과 같이 탔다. 서울 신 양초등학교 5학년이란다. 그 아이들이 학교 자랑을 했다. 자기 학교 에는 '또래 시간'이라고 해서 두 시간 수업을 마치고 30분을 동무들 과 마음대로 노는 시간이 있단다. 그래서 나도 자랑을 했다. 틈새 놀 이마당이라고 해서 40분이나 노는 학교가 있다고 했더니 그 아이들 은 "우리 교장 선생님은 우리랑 같이 잘 놀아 줘요"이런다.

그래서 내가 맞받았다.

"그래? 우리 학교에도 교장 선생님이 아이들과 잘 놀아 준단다. 내가 그 학교 교장이거든."

"진짜요? 진짜 교장 선생님 맞아요?"

두 눈을 동그랗게 뜨고 나를 쳐다보던 그 아이들의 눈망울이 지금도 선하다. 또래 시간이 틈새 놀이마당보다 훨씬 더 그럴듯한 이름이다 싶었다.

우리 아이들도 틈새 놀이마당을 어디든 가서 자랑을 했을까? 놀이마당을 연 까닭을 알아차렸을까? 대학생으로 성큼 자랐을 지금, 틈새 놀이마당과 숲속 학교를 아름다운 추억으로 간직하고 있을까?

교실이
싫은 아이

아이들이 입학한 지도 한 달이 훨씬 지난 4월 어느 날 황 교감 선생님이 1학년 여자아이를 데리고 교장실로 들어왔다. 첫째 수업을 시작한 지 한참 지난 시간이었다.

"교장 선생님, 이 아이가 1학년 2반 혜정인데요. 교실에 들어가지 않으려고 떼를 써서 데리고 왔습니다. 교실에 들어가게 할 좋은 방법이 없을까요?"

얼굴이 동그랗고 눈이 커다란 아이다. 옆에서 어머니가 눈물을 닦아 주는데도 눈물이 자꾸 그렁그렁 달린다. 혜정이 아버지도 난감한 표정으로 교장실에 따라 들어왔다. 직장에서 연락을 받고 급히 온 모양이다.

"우리 혜정이가 교실에 들어가기 싫구나. 왜 교실에 들어가기 싫을까. 그럼 교장실에서 교장 선생님하고 같이 놀까?"

혜정이 손을 잡고 소파에 앉으면서 이렇게 마음을 떠봤다. 1학년 아이들에게 가끔 있는 일이라서 크게 놀랄 일은 아니다. 혜정이가 고개를 살래살래 흔들었다. 교실도 교장실도 싫다는 말이다.

"교실에도 들어가기 싫고, 교장실에도 있기 싫으면 어머니 아버지와 같이 있고 싶구나?"

혜정이가 고개를 아래위로 까닥까닥했다.

"아이고 어쩌나. 어머니 아버지는 회사에 일하러 가야 하는데. 혜정이는 그 시간에 학교에서 공부도 하고, 동무들과 놀기도 하고, 맛있는 점심도 먹다가 저녁에 어머니 아버지와 반갑게 만나면 좋지 않을까?"

이번에도 혜정이는 고개를 가로젓는다.

"교장 선생님, 혜정이는 유치원도 잘 다녔고 입학하고 학교에도 잘 다녔어요. 그러던 아이가 어찌된 일인지 며칠 전부터 저렇게 고집을 피우잖아요. 선생님이 무서운 것도 아니라고 하고, 괴롭히는 친구가 있는 것도 아니라고 해요. 도대체 왜 그런지 모르겠어요. 입학식 날 교장 선생님 부탁처럼 6학년 오빠와 손도 아주 잘 잡고 다녔어요."

혜정이 어머니가 눈물을 글썽거린다. 혜정이 오빠는 6학년 9반이다. 입학식 날 그런 부탁을 했다. 언니, 오빠, 누나, 형이 있다면 손잡고 학교에 보내면 좋겠다. 언니, 오빠 손잡고 교문에 들어서면 익숙하지 않은 학교지만 얼마나 든든하겠는가. 언니, 오빠 손이 학교에선 부모님 대신이다. 이런 이야기를 해 주었는데 잊지 않고 신경을 쓴 모양이다. 난감했다. 분리 불안으로 입학 초기에 애먹이는 아이도 시간이 지나면 적응을 하게 되는데, 혜정이는 어찌된 일인지 그 반대다. 어쨌거나 우선 달래고 얼러 볼 수밖에 없었다.

"혜정아, 조금 더 다녀 보면 학교도 유치원처럼 재미있을 거야. 동무도 많이 생기고 말이야. 선생님이 재미있는 옛날이야기도 해 줄 걸. 그러니 어머니 아버지는 회사에 가시도록 하고, 혜정이는 교실에 가서 공부도 하고 놀기도 하고 그러자. 심심하면 가끔 교장실에도 오고 말이야. 교장 선생님과 이제 잘 알게 되었으니 앞으로 교장실에 놀러 오면 재미있는 이야기도 해 주고 마술도 보여 줄 수 있어. 그러다 보면 어머니 아버지가 회사 마치고 데리러 오겠지. 그렇게 하자. 지금 교장 선생님 손잡고 교실에 가자."

그런데 이게 어찌된 일인가. 다소곳이 고개를 숙이고 이야기를 듣던 혜정이가 고개를 끄덕인다. 옳거니 싶어서 얼른 손을 잡고 교실로 갔다. 쉬는 시간이라서 복도에서 놀던 아이들 몇이 쪼르르 달려와서 혜정이를 맞았다.

"실내화 바꿔 신고요."

혜정이가 복도 신발장 앞에서 한 말이다. 내 앞에서 처음으로 입을 열었다.

"그래, 맞다. 실내화 신어야지. 우리 혜정이 잘한다."

손을 잡고 교실에 들어가니 담임 선생님이 반겨 줬다. 짝도 반가워했다. 혜정이 얼굴이 밝아졌다. 혜정이가 자리에 앉는 것을 보고 교실을 나왔다. 황 교감 선생님과 혜정이 부모님이 창문으로 살짝 들여다보았다.

"교장 선생님은 정말 대단하십니다. 그렇게 떼를 쓰던 혜정이를 한순간에 순한 양으로 만들어 버리다니요."

"그러게요. 나도 어리둥절합니다."

교감 선생님이 신기하단다. 혜정이 어머니와 아버지도 놀란 얼굴이다. 놀란 얼굴이라기보다는 어이없는 표정이다. 나도 혜정이가 왜 갑작스럽게 순한 양이 된 건지 도무지 알 수 없었다. 어쨌든 그 일로 나는 해결사가 되고, 도사가 되고, 명의가 되었다.

거저 얻은 도사라는 이름은 이틀을 넘기지 못했다. 다시 혜정이는 교실에 들어가지 않으려 했고 내가 어르고 달래도 더는 통하지 않았다. 며칠 뒤 교문에 서서 아이들을 맞이하는데, 혜정이네 반 학생 어머니라는 분이 와서 대뜸 눈물부터 흘리더니 교실 상황을 이야기했다.

담임 선생님이 아이들을 너무 힘들게 한단다. 작은 칠판을 아래위로 나누어 가장 위쪽은 '천당' 가운데는 '감옥' 가장 아래쪽에는 '지옥'이라는 섬뜩한 이름을 정해 두고 거기에 아이들 이름 카드를 붙여 가면서 숨도 못 쉬게 통제를 한단다. 아이들이 그걸 너무 무서워한단다.

학부모들이 모여서 의논을 해 4월 한 달만 더 지켜보자고 했는데 자기는 그 여린 아이들이 상처받는 걸 생각하면 한 달도 너무 길어서 이렇게 왔단다. 조금 떠든다고 감옥, 복도에서 뛴다고 지옥으로 보내니 아이들이 어찌 숨을 제대로 쉴 수 있냐면서 한숨을 내쉬었다. 담임이 이전 학교에서 4년이라는 근무 기간을 못 채우고 온 까닭을 알겠단다. 담임 뒷조사까지 한 모양이다.

입학식 날에도 지각을 해 놓고 기다리는 학부모들에게 사과 한마디는커녕 인사도 하지 않더란다. 담임 소개를 할 때도 다른 반 선생님들은 웃으면서 인사를 하는데 꼿꼿하게 서서 고개도 숙이지 않더란다. 처음부터 담임 선생님이 마음에 안 들었다는 말이다.

아이들에게 칭찬도 해 달라고 부탁을 했더니 "칭찬 열심히 하고 있습니다" 하면서 쌀쌀하게 사무적인 말만 하고 말더란다. 혜정이가 학교에 오기 싫어하는 것도 선생님이 무서워서란다. 담임 선생님을 바꿔 주든지 빨리 해결해 주지 않으면 부글부글 끓는 학부모들이 언제 어떻게 터질지 자기도 모르겠단다.

이걸 어쩌나? 오후에 행정실 주무관도 이와 비슷한 이야기를 가져왔다. 농협에 갔다가 아주머니들이 모여서 이야기하는 걸 들었는데, 담임 선생님이 너무 무서워 학교에 가지 않겠다는 아이가 있다는 둥 수군거리는 말들이 심상치 않더란다. 이런 소문이 돌아다니고, 학부모들이 모여서 담임 선생님 뒷조사까지 했다면 마냥 지켜보고 있을 때가 아니다. 일이 더 커지기 전에 해결 방법을 찾아야 한다.

교감 선생님 두 분과 의논을 했다. 황 교감 선생님이 방법을 내놓았다. 교감 선생님 둘이 1학년 부장과 만나 방법을 찾아본 다음에 담임 선생님을 만나겠단다. 그 사이에 교장은 학부모들을 만나서 어느 정도 설득해 놓고 상황을 봐 가며 마지막에 담임 선생님을 만나는 게 좋겠단다. 그렇게 하기로 했다.

내가 맡은 일부터 시작했다. 서둘러 혜정이네 반 어머니 대표 다섯 사람을 교장실에서 만났다.

"걱정 많이 되지요. 문제가 있으면 숨기거나 또는 밖에서 해결책을 찾으려고 해서는 안 됩니다. 이렇게 문제점을 드러내 놓고 해결 방법을 찾으려는 노력은 아주 바람직합니다. 잘하고 있습니다. 남의 제사에 감 놔라 배 놔라 하는 건 참견이지만, 귀한 내 아이가 다니는 학교에 이런저런 요구를 하는 것은 정당한 참여입니다."

"교장 선생님이 그렇게 생각해 주시니 고맙습니다."

학교에서 불거진 문제를 학교에서 해결하려 하지 않고 교육청이나 상급 기관에 먼저 민원을 넣어 일을 어렵게 만들어 버리는 사례를 많이 봤기에 진심으로 한 말이다.

"교장 선생님, 학교에서 어떻게 해결할 겁니까? 담임 선생님은 바꿔 주실 거지요?"

역시 담임 선생님을 바꿔 달라는 말이 가장 먼저 나온다. 요즘 아이들이 부모에게 마음에 안 드는 게 있으면 '학교에 안 갈 거야'라는 무기로 어머니 아버지를 겁주듯이, 학부모들의 가장 큰 무기는 '담임 선생님 바꿔 주세요'이다. 아이들의 떼쓰기는 '그래 가지 마라' 할 수 있지만 어머니들에게 '그래요, 바꿔 줄게요' 할 수는 없는 일이다.

아이들은 그냥 한번 떼를 써 보는 정도지만 학부모들은 한번 내뱉으면 바로 '선전포고'가 된다. 전쟁은 이기기 위한 싸움이다. 싸움에서 밀린다 싶으면 편을 더 키워 '인해전술'로 나온다. 그러다가 결국은 상급 기관으로 간다. 집단 등교 거부도 들고나온다. 여기까지가면 아이들은 이미 눈앞에 없고 학교와 학부모 사이에 극으로 치닫는 감정싸움이 된다.

다행히 학부모들은 담임 선생님 바꿔 달라는 말을 붙들고 늘어지지는 않았다. 학부모들이 이기나 학교가 이기나 담임이 이기나 한 판 붙어 보자고 단단히 마음먹은 건 아니었다. 선전포고까지는 아니었던 것이다.

교실에서 규칙을 정해서 아이들을 학교생활에 빨리 적응시키려고 하는 노력은 이해가 된단다. 그러나 칠판에 '감옥' '지옥' 같은 것을 없애고, 아이들에게 조금만 더 친절하면 좋겠단다. 아이들이 선생님과 교실을 무서워하지 않게 해 달라는 부탁이다. 하루가 급하니 빠른 시일 안에 그렇게 되도록 해 달란다. 당연하고 적절한 요구지만 쉬운 건 아니다.

학교에서도 부탁을 했다. 학부모들도 '담임을 바꿔 달라'고 하면서 아이들 앞에서 담임 선생님을 믿지 못하는 말이나 행동을 하지 않으면 좋겠다. 오히려 담임 선생님을 추켜세우는 모습을 자주 보여 주면 도움이 된다. 그게 이 일을 해결하는 길이고 내 아이를 위하는 일이니 설령 내키지 않더라도 신경 써 달라는 부탁도 했다. 학부모들도 그러겠단다.

"학년 마칠 때 어머니들 입에서 담임 선생님 잘 만났다는 말이 나올 테니 두고 보세요."

마지막에 내가 한 말이다. 학부모들과 이야기를 잘 끝냈다.

'담임 잘 만났다는 말'이라고 장담을 했지만 그게 어디 쉬운 일인가. 나 혼자 각오와 다짐으로 될 일도 아니다. 그런데 어쩌자고 그런 장담을 약속하듯이 해 버렸는가. 그런 자신감은 도대체 어디서 나온 건지 나도 잘 모르겠다. 요술 방망이 같은 뾰족한 방책이 있어서 한 말이 아니다. 내 성향이다. 나는 늘 이런다. 사람과 사람 관계에서 벌어지는 일은 어떻게든 해결이 된다고 낙관하는 습성이 있다. 그러다 일이 해결되지 않으면 사람에게 크게 실망하고 내 능력에 좌절하기도 하지만 바뀌지 않는다. 그 대책 없는 낙관은 어려움에 처할 때마다 여지없이 튀어나온다. 이번에도 그랬다.

담임 선생님과 교감 선생님 둘을 포함해서 넷이서 만났다. 교장실보다는 교실이 좋겠다 싶어서 혜정이네 반 교실에서 만났다.

"교장 선생님, 제가 부족해서 물의를 일으켜 죄송합니다. 그렇지만 혜정이는 정말 별납니다. 아이 요구를 다 들어주면 좋겠지만 어느 한 아이만 특별 대우할 수는 없잖습니까? 그리고 학부모들도 그렇습니다. 문제가 있으면 담임에게 와서 먼저 의논을 해야지 교장실로 대뜸 찾아간다는 게 말이 됩니까? 앞으로 학부모들을 담임인 저에게 보내 주세요. 제가 해결하겠습니다. 이 일로 교장, 교감 선생님을 힘들게 하고 싶지 않습니다.

저는 특별히 잘못한 게 없습니다. 1학년 아이가 분리 불안으로 학교에 오지 않으려는 게 어찌 담임 책임입니까? 오히려 자기 아이 때문에 힘들게 해서 죄송하다고 해야 하는 거 아닙니까? 그리고 유치원에서 길들여진 때를 없애 주고, 학교생활을 제대로 할 수 있도록 교실 규칙을 정해서 열심히 지도한 게 뭐가 잘못입니까? 고맙다고 해야지요. 다만 칠판에 적어 놓은 것은 지우겠습니다."

여기까지 말하고는 담임 선생님이 눈물을 쏟아 냈다. 담임으로서 얼마나 자존심이 상할까. 그 마음이 느껴졌다.

"어머니들에게는 앞으로 '담임 선생님 잘 만났다'는 말을 하게 될 거니까 두고 보라고 자신 있게 말해 보냈습니다. 학년 초에 자기들이 괜히 그랬다고 부끄러워지게 해 봅시다."

이러면서 오전에 학부모들과 나눈 이야기를 자세히 설명했다. 이야기 시간이 길어지면서 우리는 이야기가 좋은 쪽으로 가고 있다는 걸 느꼈다. 상대방 주장이나 의견을 귀담아 들어주는 분위기가 이어졌다. 너무 진지해진다 싶으면 황 교감 선생님이 우스개 같은 이야기를 꺼내서 분위기를 부드럽게 만들었다.

"우리 놀이 한번 해 봅시다. 종이에 다음 네 사람 가운데 이번 일로 누가 더 힘이 들겠는지 번호를 매겨 봅시다."

이러면서 내놓은 종이에는 혜정이, 담임, 학부모, 교장 이렇게 네 사람이 쓰여 있다. 나는 ① 혜정이 ② 담임 ③ 학부모 ④ 교장 차례로 썼다. 담임이 학부모보다 더 힘들다고 앞에 놓았다. 학부모는 마음고생만 하지만 담임은 몸과 마음고생을 모두 해서 그렇다고 토를 달았다. 담임 선생님을 생각한 어설픈 배려다. 이를 눈치챈 담임 선생님이 웃었다.

담임 선생님은 ① 혜정이 ② 학부모 ③ 담임 ④ 교장으로 차례를 매겼다. 네 사람이 조금씩 다르기도 했지만 ① 혜정이 ② 학부모 ③ 담임 ④ 교장 차례로 정리가 되었다. 혜정이가 가장 힘이 들고, 교장이 가장 힘이 들지 않는다는 거다.

놀이라고 했지만 이야기를 풀어 나가는 데 큰 보탬이 되었다. 사실은 황 교감 선생님과 내가 미리 짜 놓은 놀이였다. 우리는 가장 힘들어할 혜정이를 중심에 놓고 이야기를 계속 해 나갔다.

퇴근 시간이 지났지만 지루하지 않았다. 담임 선생님은 자기가 차갑기는 하다고 했다. 그래서 1학년 담임은 안 맡으려고 했단다. 긴 시간 동안 가장 많이 나눈 이야기가 '유치원에서 길들여진 때'였다. '유치원에서 길들여진 때'라는 게 무엇이며, 있다면 그걸 없애야 하는 게 맞는가. 오히려 초등학교에서 이어 살리고 키워야 하는 것은 아닐까. 유치원 교육목표와 초등학교 교육목표에 차이가 무엇인가. 학년 초에 아이들을 담임 선생님에게 맞추려고 하는 게 필요한가. 아이들은 학년 초에 엄격하게 잡아야지 풀어놓으면 일 년 내내 아이들 손바닥에서 놀아나게 된다는 말은 맞는가.

진지한 이야기와 우스개 같은 이야기가 적절하게 섞여 이어졌다. 담임 선생님은 학년 초에 아이들을 잡아야 한다는 선배들 말을 우스개처럼 들어 넘겼지만 1학년을 맡으니 그렇게 해야 할 것 같고, 안 그러면 도저히 감당 못할 것 같았단다. 고학년을 맡을 때는 자율과 자치를 중시하는 학급 운영을 했다면서 웃었다.

어릴 때 억눌린 감정은 무의식에 잠재하다가 환경에 따라 여러 가지 안 좋은 모습으로 튀어나와 자신을 해치고, 둘레를 힘들게 하고, 사회에 해를 끼치고 만다. 그래서 초등교육이 중요하다. 아이들을 위한다고 나선 어른들이 아이들을 힘들게 해서야 되겠는가. 그게 어찌 아이 키우는 부모, 아이 가르치는 선생이 할 노릇인가. 우리는 그런 어리석은 짓을 하지 말자. 넷은 이렇게 다짐하듯이 결론을 내리고는 긴 이야기 마당을 끝냈다.

"교장 선생님, 학년 말에 '담임 선생님 잘 만났다'는 말 나올 거라고 어머니들에게 말씀 잘하셨습니다. 그 약속 확실하게 이루어질 것 같습니다."

황 교감 선생님이 담임 선생님의 손을 잡고 흔들면서 한 말이다. 교감 선생님이 툭툭 던지듯이 하는 말은 양념 정도가 아니라 핵심이다. 참으로 감각과 판단력이 있는 사람이다.

며칠 뒤에 교장실 앞에 어른거리는 아이가 있었다. 누군가 했는데 가만히 보니 혜정이다.

"교장 선생님, 저 혜정이에요."

"맞네, 혜정이네!"

이러면서 꼭 안아 주었다. 담임 선생님이 조금 신경 써 주니 아이가 저렇게 펄펄 살아나는구나 싶었다. 그 뒤에도 혜정이가 교실을 거부하는 일은 한두 번 더 이어졌지만 5월까지 넘어가지 않았다. '빠른 시일 안'이라는 요구가 이루어진 건지 아닌지 잘 모르겠다. 학년 말에 '담임 선생님 잘 만났다'는 말은 듣지 못했지만 담임 선생님 바꿔 달라는 말도 더 이상 나오지 않았다. 이것만으로도 잘된 일이다.

학부모들과 헤어지기

시청각실에서 학부모들을 모아 놓고 퇴임 인사를 했다. 학교 누리집과 가정통신문으로 퇴임 인사를 하기는 했지만 아이들과 선생님들에게 마지막 인사를 했듯이 학부모들에게도 그렇게 하고 싶었다. '고별인사'나 '마지막 강의' 같은 앞에 헤어진다는 말을 붙이지 않았지만 많은 학부모들이 마지막으로 인사하는 자리라는 것을 알고 모였다. 분위기도 분위기인지라 우스개를 많이 섞어 가면서 이야기를 했다. 그러면서도 꼭 하고 싶은 말은 했다.

1. 아이 똥 누이고 학교에 보내자.
2. 깨워 주지 말고 아이 스스로 일어나도록 하자.
3. 아이 아침을 꼭 먹여 학교에 보내자.
4. 아이 말을 맞장구치면서 들어 주자.
5. 선생님을 공경하고 존중하자.

다섯 가지 이야기 가운데 세 번째와 다섯 번째 중심으로 이야기했다. 세 번째는 맞벌이하는 학부모가 많아서 냉장고에 넣어 둔 음식 데워 주지 말고, 일찍 일어나 맛있게 조리해 주라고 한 말이 걸렸고, 다섯 번째는 내가 선생하면서 선생을 공경하라고 하는 게 민망해서 역시 제대로 이야기를 못 했던 터다.

학부모들에게 물었다. 아이들이 아침을 안 먹어서 어쩔 수 없다고요? 이렇게 따지듯이 묻고는 아이들이 아침밥을 안 먹는 까닭을 이야기했다. 사람이 어떨 때 밥을 안 먹을까? 배가 부를 때와 맛이 없을 때 딱 두 가지 경우다. 저녁 먹은 지 열두 시간이 지난 아이가 배가 불러서 아침을 안 먹을 리는 없으니 물을 필요도 없이 맛이 없어서다. 아침에 아이가 가장 좋아하는 음식을 해 보자. 그래도 안 먹을까? 아이가 아침을 먹지 않는다고 해서 무조건 숟가락을 들고 안 먹는다는 아이를 따라다니거나 나무랄 수는 없는 일이다.

다음으로 강조한 다섯 번째, 아이가 우리 학교와 우리 반에 긍지를 가질 수 있게 해 보자. 우리 학교의 좋은 점을 들어서 아이가 참 좋은 학교에 다녀서 행복하고 또 이 학교에 학부모가 된 게 정말 좋다고 자주 말하자.

초등학교는 더 좋거나 덜 좋은 학교가 없다. 교육과정이 같고, 교장을 비롯한 모든 선생님들이 3년에서 5년 기간으로 옮겨 다닌다. 아주 조금씩 특색이 있을 수 있지만 그게 더 좋은 학교 덜 좋은 학교를 가르는 기준이 될 수는 없다. 그러니 우리 아이가 다니는 학교가 최고 좋은 학교라는 말은 거짓말이 아니다. 아이에게 좋은 학교는 부모님 입이 만들어 준다. 또 아이가 날마다 만나는 담임을 좋은 사람으로 만들어 주라는 거다. 이 또한 부모님 입이 만든다. 학교나 담임을 위해서 선생님을 존중하라는 말이 아니다. 우리 아이를 위해서다.

우스개 이야기를 많이 섞었지만 결국은 꼰대 같은 잔소리였다.

제4장

행복한
우리 학교

독서 교육에서
있어야 할 것과 없애야 할 것

"교장 선생님, 문제가 하나 생겼어요."

1학기를 시작한 지 한 달쯤 되는 어느 날 아침, 변 교감 선생님이 교장실로 들어오면서 말했다. 문제가 생겼다면서 얼굴 표정은 무슨 문제가 생긴 것 같지는 않았다. 웃음 머금은 얼굴에 상기된 표정이다. 문제가 아니라 무언가 자랑을 내놓을 자세다.

"왜요? 무슨 문제라도 생겼나요?"

짐짓 놀라는 듯 물었다.

"아이들이 도서관에 있는 책 앞장에 '내 책 역사 쓰기'를 하려고 덤벼서 담임 선생님과 사서 선생님이 골치 아프다고 난리입니다. 어쩌지요? 무슨 대책이 있어야 할 것 같습니다."

"도서관에 있는 책에요? 그냥 쓰라고 하면 되잖아요."

"도서관에 있는 책에 '내 책 역사 쓰기'를 하면 낙서가 되잖아요."

"허허허, 참 그러네요."

나는 그만 웃고 말았다. 교감 선생님도 따라 웃었다.

"아이들은 습관이 금방 드나 봐요. '내 책 역사 쓰기' 시작한 지 얼마 되었다고."

"그러니까 초등학교 교육목표가 '습관 기르기'지요."

2009년 3월, 교장 첫 발령을 받아 와 보니 학교 특수 시책 가운데 '독서 교육'이 있었다. 그 특수 시책 실천 과제를 몇 가지 정했는데 그 가운데 하나가 '내 책 역사 쓰기'이다. 아이들에게 독서 습관을 붙여 주는 좋은 방법이라고 생각하고 담임할 때 교실에서 했던 사례를 가져온 거다. 아이들이 재미있게 했던 터라 자신 있게 내놓았다. 방법은 간단하다.

자기에게 새로운 책 한 권이 생기면 가장 먼저 겉장을 넘겨 속장 빈 곳에 이 책이 언제 어떻게 내 손에 들어왔는지를 밝혀 쓰는 것부터 시작이다. 이걸 쓰는 순간 비로소 그 책은 내 책이 되고 '내 책 역사 쓰기'가 시작 되는 거다. 그다음 줄부터는 누가 언제 읽었는지를 차례로 써 나가면 된다.

2009년 3월 6일 : 6학년이 된 기념으로 엄마가 책벌레 책방에서 사 줌

2009년 3월 9일 : '10분 아침 독서'로 읽기 시작함

2009년 3월 20일 : 다 읽음. 우리 한글이 정말 힘들게 태어났다는 걸 알았다

2009년 4월 7일 : 짝꿍 지은이가 빌려 감

2009년 8월 9일 : 엄마가 읽음

책은 작가가 쓰고, 출판사에서 펴내고, 책방에서 판다. 그러니까

똑같은 책 수백 수천 권이 이 세상에 있다는 말이다. 누구라도 돈 내고 사기만 하면 손에 넣을 수 있다. 누구나 언제 어디서나 살 수 있으니 별로 귀하지 않다. 이사할 때 버릴까 말까 고민하는 게 바로 다 읽은 책들이다. 그렇지만 '내 책 역사 쓰기'를 한 책은 다르다. '내 책 역사 쓰기'를 하면 이 세상에 딱 한 권뿐인 소중한 책이 되기 때문이다. 한 줄 한 줄 역사가 더해질수록 더더욱 귀한 존재가 된다. 그냥 귀한 책 정도가 아니라 어릴 때 어떤 책을 읽고 자랐는지를 알려 주는 자기만의 독서 역사 기록이기도 하다.

책은 이렇게 '내 책 역사'를 기록하는 순간 드디어 주인과 인연이 맺어지고 생명을 얻는다. 이렇게 귀한 몸이 된 책을 이사 갈 때 짐 된다고 어찌 버릴 수 있겠는가.

아이들은 '내 책 역사 쓰기'를 좋아했다. 자기 책에 역사가 자꾸자꾸 쓰이기를 바라는 아이들은 자기 책을 동무들에게 권하고 또 권한다. 감동이 컸던 장면을 소개하면서 자연스럽게 '책 소개하는 공부'를 한다. 책을 읽고 나서 읽은 날짜만 적으면 되는데도 '몇 번이고 눈물을 흘리며 읽었다' '진짜 무서웠다' '배꼽이 빠질 뻔했다' '나도 곤충학자가 되고 싶다'처럼 한 줄 감상을 적기도 한다. 재미있어서 그렇다. 어렵지 않게 책 읽는 습관으로 이어지는 아주 좋은 방법이 '내 책 역사 쓰기'이다.

교실마다 아이들이 '내 책 역사 쓰기'를 좋아한다고 해서 다행이다 싶었는데 그게 도서관 책으로까지 옮겨 갈 줄은 꿈에도 몰랐다. 그것도 시작한 지 딱 한 달 만에 말이다. 주로 1학년 아이들이 그런단다. 우리는 크게 웃었다. 기분이 아주 좋았다. 교육이라는 이름을 내걸고 학교에서 하는 일이 아이들에게 이렇게 재미있게 다가가는데 어찌 즐겁지 않으랴. 비록 작은 것일지라도 말이다.

"교감 선생님은 어떻게 생각하나요? 저는 도서관에 있는 책에 '내 책 역사 쓰기'를 해도 괜찮을 것 같은데요. 한번 생각해 보세요. 어떤 아이가 어느 날 책을 읽으려고 도서관에서 책 한 권 뺐는데 '내 책 역사 쓰기'를 보니 지금은 고등학생이 된 언니가 읽은 책이에요. 얼마나 반갑겠어요. 놀랍고 신기할 겁니다. 시간 여행을 하는 기분이 들지도 모를 일입니다. 안 그래요? 그깟 읽은 표시 몇 자 적는다고 책을 못 읽게 되는 것도 아니고요."

이렇게 말하기는 했지만 여럿이 함께 쓰는 책에 줄을 긋거나 자기 생각을 쓰는 것은 아무래도 문제가 있다. 아무리 아이들이 쓰고 싶다고 해도 생각해 볼 일이다. '공공'에는 공공이 지켜야 할 규칙이 있는 법이니까. 어쩔 수 없이 도서관에 있는 모든 책 앞 장에 '역사 쓰기'를 할 수 있도록 종이 한 장을 덧붙이기로 했다. 그러고는 '이 책 역사 쓰기'라고 했다. '내 책'이 아니니까 '이 책'이다. 교감 선생님이 큰일 났다는 그 일은 그렇게 해결했다.

책 읽기 특수 시책 실천 방법에는 '내 책 역사 쓰기' 말고 두 가지가 더 있다. 특수 시책을 제대로 한번 해 보자고 선생님들과 여러 번 머리를 맞대고 의논해서 나온 것들이다. 그러면서 새롭게 정한 실천 방법도 있지만 기존에 하던 것을 없애기도 했다. 새로 정하거나 빼는 데 기준으로 삼은 잣대는 오로지 '독서 습관'이다. 독서 습관을 기르는 데 도움이 될 것은 더 넣고, 방해가 될 것 같은 것은 뺐다.

우리는 독서의 효율성이니 독서의 기능이니 자기 주도 학습이니 하는 거창한 말은 쓰지 않기로 했다. 오직 '재미'있게 활동해서 그게 습관으로 이어질 수 있을까에 집중했다. 독서와 글쓰기와 독해력을 한꺼번에 얻을 수 있다는 독후감 쓰기가 독서도, 글쓰기도 한꺼번에 다 망쳤다는 것을 우리는 알고 있다.

없앤 것은 두 가지이다. 바로 '독서 골든벨'과 '다독상'이었다. '독서 골든벨'은 공부하듯이 책을 읽고 책 내용을 잘 외워야만 좋은 성적을 얻을 수 있는 독후 활동이다. 책 읽기마저 누가 누가 잘하나 내기를 시켜, 암기를 잘하는 아이와 못하는 아이를 가르는 아주 고약한 독후 활동이다. 책을 읽으면서 아이를 주눅 들게 만드는 '독서 골든벨'을 가장 먼저 없애 버렸다. '다독상'은 책 읽기를 수치와 기록으로만 보여 주는 본보기라서 얼른 빼 버렸다.

새로 정한 실천 방법은 '내 책 역사 쓰기' '책 한 권 갖고 다니기' '가정 책거리' 이 세 가지였다.

'책 한 권 갖고 다니기'는 말 그대로 내가 지금 읽는 책을 늘 갖고 다니도록 하는 실천 운동이다. 학생들은 가방에 교과서 말고 지금 읽는 책을 꼭 한 권 넣어 다니고, 선생님들은 출근 가방에 책 한 권을 꼭 넣어 다니는 것이다. 책 한 권 갖고 다니기 운동은 책을 꼭 읽어야 한다는 게 아니라 그저 가방에 한 권 넣어 다니는 것이다. 읽고 안 읽고는 그다음 문제다. 이 운동은 학부모들에게까지 넓혔다. 출근 가방이든, 나들이 가방이든, 등산 가방이든 항상 책 한 권이 내 몸 가까이 붙어 있게 하자고 가정통신문도 보냈다. 아무리 값나가는 가방이라도 책 한 권 들어 있지 않으면 명품 가방이 아니라는 말이 학부모 회의 때 학부모 입에서 나왔다. 그 말이 한때 학교 안팎에서 유행어가 되기도 했다.

책은 언제 어디에서 어떻게 읽어야 한다고 배웠는가? 도서관이나 책상 앞에서 30센티미터 띄어 바른 자세로 앉아서 읽어야 한다고 배웠다. 언제나 이렇게 반듯하게 갖춰서 읽어야 한다면 책 읽기는 너무 힘들고 엄숙한 것이 된다. 마음 닦는 명상이나 참선도 늘 이렇게 힘들게 하는 것만은 아니라고 한다.

우리가 초등학교에서 기르고자 하는 것은 '독서 습관'이지 정보와 지식을 머리에 많이 넣는 공부도 아니고 일도 아니다. 앞으로 살아가면서 그렇게 읽을 필요가 있을 때 그렇게 읽을 수 있는 '기본 습관'을 몸에 붙여 놓자는 거다. 언제라도 읽고 싶은 마음이 생기면 그냥 손 전화를 들여다보듯이 책을 펼칠 수 있으려면 일단 책이 가까이 있어야 한다.

책을 늘 갖고 다닌다고 해서 꼭 읽어야 하는 부담은 가질 필요가 없다. 부담을 가지면 습관으로 이어지지 않는다. 읽을 짬이 나지 않으면 일주일이고 한 달이고 그냥 그렇게 가지고 다니기만 하면 된다. 손 전화 없이 집을 나서면 허전한 것처럼 책 없이 집을 나서면 무엇인가 잃어버린 것 같은 마음이 들어야 한다.

날마다 하는 '10분 아침 독서' 시간에 아이들은 책을 학급문고나 학교 도서관에서 빌려 와서 읽는 경우가 많은데 우리는 그러지 않기로 했다. 아침 독서 시간이 되면 모든 아이들은 물론이고 선생님들도 모두 다 자기 가방에서 책을 꺼낸다. 읽다가 책장을 접어 두거나 책갈피를 꽂아 둔 책이다. 그곳을 펼쳐서 읽기 시작하다가 아침 독서 시간이 끝나면 다시 접거나 책갈피를 꽂아서 가방 속으로 넣는다. 한창 재미있는 대목을 읽다가 접어 두었다면 다음 날 아침 독서 시간까지 못 기다릴 거다. 쉬는 시간에 살짝 꺼내 읽든지 아니면 학원에서라도 짬을 내어 어떻게라도 읽고 말 거다. 어른도 마찬가지다. 학생은 책가방에 교과서 말고도 지금 읽고 있는 책이 들어 있어야 하고, 선생님은 출근 가방에 책이 있어야 하는 까닭이 여기에 있다.

어느 날 등교 시간에 교문에 서서 아이들을 맞이할 때였다.

"교장 선생님, 이 가방 명품 가방 맞지요?"

조리사와 조리 보조원 몇몇이 정답게 이야기 나누며 출근을 하다가 한 분이 자기 가방에서 책 한 권을 꺼내 자랑을 했다.

"애개개, 니만 명품 가방인가? 나도 명품이다."

다른 분이 또 얼른 가방에서 책을 꺼내 보였다.

"이야! 명품 가방 맞습니다. 여러분! 여기 급식실 선생님들 좀 보세요. 이렇게 책을 갖고 다니네요."

아이들 들으라고 일부러 소리치듯이 말했다.

"우와! 정말이네요."

그래서 그날도 즐겁게 하루를 시작했던 기억이 난다.

아이들이 독서를 진중하게 하지 않고 아무데서나 가볍게 읽는 데 길들여진다면 나중에 집중해서 읽어야 할 때 제대로 읽어 낼 수 있을지 걱정된다고 말하는 선생님도 있었다. 괜한 걱정이다. 집중은 재미에서 오는 것이지 진중함에서 오는 게 아니다. 오히려 재미가 집중과 진지함을 이끌어 낸다고 해야 맞다. 독서는 공부하듯이 하는 의무가 아니라 놀이하듯이 즐기는 취미고 레저다. 그것이 초등학교 독서 교육이 가는 길이자 목표이다.

'가정 책거리'는 이 세 가지 가운데 가장 잘되지 않는 실천 방법이다. 옛날 서당에서 책 한 권을 다 배우고 나면 떡을 나누어 먹으면서 이야기를 나누던 전통에서 따왔다. 집에서 식구들과 하는 것인 만큼 학부모들이 적극 협조해야 하는 실천 방법이다.

아이가 책을 한 권 다 읽고 부모에게 알리면 부모는 식구들과 의논해 가정 책거리 날짜를 잡는다. 이때 나누어 먹을 간식도 준비한다. 이 행사의 주인공은 책을 읽은 아이니까 간식은 아이가 좋아하는 것으로 정한다. 책거리할 때 몇 가지 일을 나누어 맡아야 하는데 진행, 기록, 음식 준비 같은 일거리는 부모님이 다 맡는다. 아이는 그냥 책 읽은 이야기를 하고 좋아하는 음식을 먹기만 하면 된다. 기록은 꼭 해야 하는 것은 아니지만 꾸준히 가정 책거리를 이어 나가려면 기록을 해 두는 것이 좋다. 동영상으로 찍어 두는 기록 방법도 괜찮다.

가정 책거리는 이처럼 간단하지만 모든 식구에게 도움이 되는 게 엄청 많다. 우선 아이는 책을 읽고 자랑할 기회가 생기고, 식구들 앞이지만 말하기 공부도 된다. 부모는 우리 아이가 어떤 책을 읽고 자라는지 그 흐름을 자연스럽게 알 수 있고, 책을 즐길 수 있는 기회를 주는 자리가 되기도 한다. 또한 식구들이 한자리에 모여 이야기 나눌 수 있는 기회가 되기도 한다. 얻을 점이 이리 많지만 막상 해 보면 잘 되지 않는다.

우리나라는 세계 어디에 내놓아도 뛰어난 좋은 글자 한글이 있다. 가르치기 쉽고, 배우기 쉬운 글자라는 사실을 우리는 모두 잘 알고 있다. 손 전화로 문자를 보내는 것도 어떤 글자보다 빠르게 써서 보낼 수 있고, 컴퓨터 자판 배열도 닿소리와 홀소리를 정확히 나눌 수 있다는 사실에 감탄이 저절로 나온다. 이토록 훌륭한 글자인 한글이 있다면 그 글자를 읽는 활동인 독서 수준도 세계에서 으뜸이어야 한다는 게 내 생각이다. 그런데 그게 아니다.

신문에서 이런 기사를 읽었다. 휴가를 보내려고 온 호텔에서 짬이 날 때 독서를 얼마큼 하는가를 조사해 보았단다. 조사한 27개 나라 가운데 우리나라가 꼴찌였단다. 왜일까? 답은 간단하다. 초등학교 때부터 책 읽기가 생활이 되지 못해서 그렇다. 습관이 되지 않았다는 말이다. 책 읽기는 공부이고 학생의 의무라는 게 몸과 마음에 깊이 새겨져 있어서 그렇다. 그러니 어른이 쉬러 와서 공부를 한다는 것은 말도 안 되는 것이다.

그렇다면 상위권에 있는 나라 사람들은 어찌 쉬러 와서 책을 많이 읽는가? 이 또한 답은 간단하다. 놀러 왔으니까 책을 읽으면서 노는 것이다. 그들에게는 독서는 처음부터 공부도 아니고 짐도 아닌 재미있고 즐거운 놀이였던 거다. 그걸 휴가 온 호텔에서 하는 것은 너무나 당연한 일이다. 초등학교에서 독서 습관을 형성하는 일은 이처럼 문화가 될 뿐만 아니라 국민성으로까지 굳어진다. 엄청난 일이다.

재미다. 재미에서 집중력도 나오고, 습관도 길러진다. 독서 교육뿐만 아니라 모든 교육 활동이 다 그러하다. 초등학교 교육목표는 '기본 생활 습관' 기르기다.

재미있는
방학 과제

교과서에서 가르쳐야 할 분량이 줄어들고 선생님들이 지칠 때쯤 방학이 다가온다. 이래서 방학이 좋다. 방학은 아이들이나 선생님들 모두 손꼽아 기다리는 선물 같은 시간이다. 방학은 학기와 학기 사이에 있다. 때문에 방학을 신나고 재미있게 보내야만 학기나 학년을 제대로 마무리하고, 다음 학기, 다음 학년을 힘차게 시작할 수 있게 된다. 아이들뿐만 아니라 선생님들도 마찬가지다.

따라서 방학은 학생이나 선생님 모두에게 학기 못지않게 중요한 기간이다. 여름방학을 신나게 보내야만 2학기를 힘차게 시작할 수 있고, 겨울방학을 재미있게 보내야 새 학년을 반갑게 맞이할 힘이 나온다. 이런 까닭에 방학은 학기와 학기 사이에서 마무리와 시작을 이어 주는 제3학기가 되는 셈이다.

방학을 신나고 재미있게 보낸 아이들은 개학 날 교문에 들어서는 발걸음부터 다르다. 아이들이 개학 날 발걸음 가볍게 교문을 들

어서게 하는 방법은 없을까? 방법은 방학 과제에 있다. 방학 과제
가 재미있으면 방학도 재미있다. 짐스러운 방학 과제를 방학 내내
거들떠보지 않고 처박아 두었다가, 개학을 코밑에 두고 벼락치기로
대충대충 흉내만 내어 싸 들고 교문에 들어서는 아이들의 발걸음은
가벼울 수가 없다. 우리 어른들도 다 겪어 보지 않았는가.

'재미있는 방학 과제'처럼 아이들이 방학 첫날부터 집중해서 매
달릴 수 있는 과제가 과연 있기나 한 걸까? 결론은 '있다'이다. 선생
님에게 받은 과제가 아니라, 하고 싶어서 스스로 선택한 과제가 그
것이다. 누가 주는 게 아니라 자기가 해 보고 싶은 것이면 그게 무
엇이든 재미있고 멋진 과제가 된다.

이번 방학에는 꼭 해 봐야지, 하고 미리부터 정해 둔 게 있는 아
이는 다행인데 그런 게 없을 땐 일부러 찾아야 한다. 담임 선생님에
게 도움을 받든지, 부모님과 머리를 맞대든지 해서라도 찾아야 한
다. 시간이 걸릴 수도 있다. 하고 싶은 게 별로 없는데도 굳이 찾아
내야 한다는 게 억지스러울지 모르지만, 하기 싫은 것을 골라서 버
리는 정도로 봐도 된다.

과제 찾기는 방학을 앞두고 쫓기듯이 할 게 아니라 시간을 두고
미리부터 찾는 게 좋다. 힘들더라도 하고 싶은 과제를 제대로 찾아
야 한다. 힘들고 어렵다고 대충 정해 버린다면 개학 날 무거운 발걸
음으로 학교에 오게 된다.

아이들이 재미있게 할 만한 과제 목록을 만들어 아이들이 참고하
도록 해도 괜찮다. 재미있는 과제라고 해서 꼭 새로운 것을 찾아내
야 하는 것은 아니다. 다른 사람이 했던 과제라도 하고 싶은 마음만

생긴다면 따라 정해도 상관없다. 시간이 걸리지만 대부분 자기가 하고 싶은 과제를 찾아낸다. 이렇게 하면 적어도 자기가 하기 싫은 과제를 방학 과제로 정하지는 않게 된다.

과제를 정했으면 과제 양을 살핀다. 양은 적으면 적을수록 좋다. 아주 적게, 작게, 좁게 잡아야 한다. 욕심을 내서는 절대 안 된다. 과제를 해 나가면서 내용이 커지고 깊어지는 것은 좋은 일이지만 처음부터 많이 잡지 않도록 하는 게 무엇보다 중요하다.

조선 시대 왕에 대해 알아보려고 했는데 재미가 있어서 고려 시대 왕까지 알아봤다. 이렇게 되는 게 가장 좋다. '뭐도 하고요. 또 뭐도 할 거예요.' 이렇게 욕심을 낸다면 두고 볼 필요도 없이 실패다. '애개개! 요게 무슨 방학 과제야.' 이런 생각이 들어야 재미있는 방학이 보인다.

과제가 다 정해지면 어떻게 해결할 것인지 계획을 자세하게 세운다. 개인 과제가 아니라 몇 사람이 함께하는 모둠 과제라면 언제 어디에 모여서 어떻게 한다는 것까지 정한다. 방학 계획이 이렇게 자세히 세워지면 반 아이들 방학 과제를 한눈에 알아볼 수 있게 '개인별 방학 과제 목록'을 인쇄하여 나누어 가지면 좋다. 인쇄물을 보면서 다른 아이들의 방학 과제를 알 수도 있지만, 반 아이들에게 나는 이런 과제를 하겠다고 약속하는 효과도 있다. 또 담임은 과제 목록을 통해서 아이들이 과제를 해 나가는 일정을 알아 필요에 따라서는 격려 전화도 해 줄 수 있고, 모둠 과제라면 아이들이 모일 때 담임이 참여하여 힘을 실어 줄 수도 있다.

개학을 하면 교실마다 과제 보고서를 교실 벽에 죽 걸어 두고 방학 과제 자랑 대회를 한다. 보고서는 일정한 틀에 얽매일 필요는 없지만 2절지 정도 커다란 종이에 과제 이름, 과제를 정한 까닭, 결과, 알게 된 점 같은 것을 쓰고, 과제 결과물이나 과제 해결 과정에서 쓰인 도구도 같이 내놓는다. 자랑 대회를 하루 만에 다 못하면 이삼일이 걸리더라도 방학 동안에 애써 해결한 과제를 마음껏 자랑할 기회를 준다.

이렇게 학급 자랑 대회를 마치면 과제 보고서를 복도에 내걸어서 전교생이 서로 둘러보도록 하면 더욱 좋다. 학부모들도 둘러볼 수 있도록 공개 날짜를 정해도 좋다. 누가누가 잘했는지 견줘 보는 전시가 아니다. 과제를 잘한 사람을 뽑아 상을 주자는 건 더더욱 아니다. 저마다 다 다른 과제인지라 그 나름대로 가치가 있을 뿐이다.

여기 2010년 여름방학 때 우리 학교 아이들이 한 방학 과제 몇 가지를 간단하게 소개한다.

2학년 하진이는 '우리 고장에서 많이 나는 여름 과일과 그 씨앗 조사'로 정했다. 그래서 시골에서 농사짓는 할아버지 댁에 가서 일도 도와주면서 조사를 했다. 또 가까이 있는 농업기술센터에 가서 연구원에게 이것저것을 물어보기도 했으며 '어린이 농부 학교'에 들어가서 체험도 하고 수료증도 받았다. 너무 재미있게 과제를 해서 벌써 겨울방학이 기다려진다고 했다.

4학년 정환이는 '누에 한살이'를 살펴보는 것으로 정하고 충북 보은에 있는 누에 공장까지 찾아가서 누에알을 구해 부화를 시켰다. 그렇게 태어난 개미누에 여섯 마리를 정성껏 기르면서 누에가 잠을

자고, 입에서 실을 뽑고, 고치를 만들고, 드디어 나방이 되어 나와서 알을 낳는 모든 과정을 살펴보았다. 너무 신기하고 재미있어서 가족 휴가도 뒷전이었다고 했다.

4학년 민석이는 평소 공룡에 관심이 많아서 '공룡 대탐구'를 과제로 정했는데 덕택에 공룡 박물관이 있는 고성으로 여행도 할 수 있었고, 엑스코에서 열리는 '한반도 공룡 탐험전'에도 가서 공룡 박사가 되었다고 신나 했다.

5학년 하나는 '동화 써 보기'가 과제였는데 개학 날 오후에 자기가 쓴 동화를 들고 교장실로 와서 자랑했다.

"하나야, 니가 벌써 동화를 이래 잘 쓰면 나는 어떡하나?"

이랬더니 하나와 같이 온 지민이가

"걱정 마세요. 교장 선생님보다 더 잘 쓰지 못하도록 할게요."

이렇게 말해서 크게 웃기도 했다.

6학년 석민이 역시 방학 과제 자랑을 하러 일부러 교장실에 왔다. 석민이 과제는 '신라 역사 공부'였다.

"교장 선생님, 고려와 조선 어느 때도 여왕이 없었는데 신라에는 왜 여왕이 많았을까요?"

이렇게 묻더니 내 대답이 나오기도 전에 아주 자랑스럽게 설명을 해 주었다.

"그건 골품제 때문입니다. 진골에서는 왕을 낼 수 없고, 성골에서만 왕을 뽑아야 하니까 아들이 없는 왕은 딸인 공주를 왕으로 뽑을 수밖에 없었던 겁니다."

개학을 하고 담임 선생님들은 교실에서 과제 보고회를 열면서 감동과 감탄으로 새 학기를 시작할 힘을 얻는다. 교장은 며칠 동안 복도에 걸린 보고서와 그 과제물을 보고 감동하고 감탄하며 행복을 맛본다.

과제 가운데 그냥 무슨 음식 하나 달랑 만들어 보고는 사진을 야단스럽게 찍고 붙여서 멋진 요리사가 되었다고 자랑을 늘어놓은 과제도 있긴 하다. 그러나 그런 보고서라도 담임이 일방으로 내 준 과제보다는 훨씬 낫다. 책상에만 앉아서 해결한 과제도 있지만 그래도 괜찮다. 방학은 한 번 있는 게 아니라 한 해 두 번, 해마다 있으니까. 밋밋해도 괜찮다.

방학 과제는 아이들만이 아니라 선생님들도 당연히 스스로 정한다. 나는 수십 년 동안 피워 온 담배도 아이들과 방학 과제를 함께하며 끊었다. 선생님들도 아이들과 마찬가지로 결과물과 보고서를 낸다. '교육공무원법 제 41조'니 '근무지 외 연수'니 해서 그 결과물을 교무실에 내는 게 아니라 아이들과 함께 교실에 내건다. 담임 선생님이 아이들과 똑같이 과제를 정하고 과제 보고서를 내는 것은 아주 중요한 일이다. 교육을 몸으로 보여 주는 기회가 되기 때문이다.

선생님들은 여행을 하든지, 연수를 받든지, 고향 방문을 하든지 무엇이든지 방학 때 하고 싶거나 하기로 한 것을 과제로 정하면 된다. 학기 중에는 자녀들과 잘 놀아 주지 못했는데 방학 때 아이들과 맛있는 걸 만들어 먹으면서 부모 노릇 제대로 해 보겠다고 마음먹었다면 그걸 과제로 정하면 된다. 부모로서 아주 좋은 과제다.

이처럼 선생님들도 교실에서 여는 과제 자랑 대회에 보고서와 결과물을 내놓아 참여하지만, 시청각실 같은 곳에서 선생님들끼리 모여 과제 자랑 대회를 열기도 한다. 참 재미있는 시간이다. 발표는 희망자가 나와서 이야기를 하는데 처음에는 머뭇거리지만 분위기가 살아나면 너도나도 다투어 자랑을 한다.

이미정, 장혜임 선생님이 '우쿨렐레'라는 악기를 연주하면서 노래를 불렀던 기억이 생생하다. 방학 과제로 정해서 둘이 함께 우쿨렐레를 배웠단다. 두 선생님은 방학 과제를 계기로 뒤에 우쿨렐레를 더 배워서 우쿨렐레 강사가 되었다. 방학 때는 여기저기 불려 다니면서 강의를 했다. 한번은 강사료를 많이 받았다면서 간식을 한턱 쏘기도 했다. 우리 학교에서 열렸던 이오덕 책 잔치 때 우쿨렐레 연주를 하기도 하고, 내 퇴임식에 우쿨렐레를 연주하면서 개사한 노래로 모든 사람을 웃기고 울리기도 했다.

방학 과제 정말 대단합니다

날씨가 많이 풀렸습니다.
그렇지만 겨울 끝자락 심술은 마음 놓을 수 없습니다.
교실마다 복도에 내건 아이들이 방학 보고서 살펴보는 재미가 쏠쏠합니다.

"유통기한이 지난 빵을 5일 간격으로 살펴봅니다.
맨눈으로 살피고 사진으로도 찍었습니다.
그런데 아무리 시간이 흘러도 곰팡이는 보이지 않고 썩지도 않았습니다.
그래서 결론을 내렸습니다.

'빵에는 방부제가 섞여 있다'라고요."

2학년 한 아이의 방학 과제 보고서 내용입니다.

"검은콩을 준비했습니다.
물에 담가서 구멍 뚫린 통에 담아 두었습니다.
일주일 뒤에는 시중에서 파는 것과 같은 콩나물이 되었습니다.
그걸 뽑아서 콩나물 무침을 했습니다."

역시 우리 학교 아이 방학 과제 보고서입니다.

방학하는 날부터 입술 물어뜯는 버릇 고치겠다고 단단히 다짐을 하고
날마다 이룬 결과를 표로 만든 과제물도 보이네요.
설령 그 버릇을 고치지 못했다고 해도
"버릇 고치기란 힘든 것이구나!" 하고 깨닫기만 해도
방학을 잘 보낸 겁니다.
어떤 아이는 북극에 대해 알아보고,
어떤 아이는 우리나라 전통 옷을 조사하고,
어떤 아이는 세종대왕 업적을 살펴봤습니다.
어느 하나에 온전히 마음을 모아 본 것.
그것 하나만으로도 대단한 겨울방학을 보낸 겁니다.
우리 아이들 방학 과제 하나하나에 큰 칭찬을 상으로 얹어 줍시다.
그리고 서로 돌아가면서 찬찬히 살펴보면 좋겠습니다.

남 걸 알아야 내 것이 창조됩니다.

오늘도 아이들과 재미있게 하루 보내세요.

전시해 놓은 아이들 방학 보고서를 살펴보다가 기쁨을 감출 수
없어 교실로 보낸 아침 편지다.

방학은 아이들이 자율성과 자기 주도 학습 습관을 기를 수 있는
좋은 기회라고들 한다. 자율성도, 자기 주도 학습도 재미가 있어야
습관으로 이어진다.

에코스톤
운동장

학생 수가 500명 정도인 맞춤한 학교에서 1,700명이 넘는 큰 학교로 자리를 옮겼다. 인사 담당자가 이 학교로 옮겨 와 달라고 처음 부탁할 때는 거절했다. 하지만 큰 학교에서 더 많은 아이들을 만나고, 많은 선생님들과 관계 맺어 보고 싶은 욕심이 있어서 부탁을 받아들였다.

발령 전에 인사 담당자는 큰 과제가 두 가지 있다고 귀띔을 해 줬다. 전임 교장의 갑작스러운 인사로 학교가 어수선하니 빨리 수습하고 안정시키는 일, 큰 사업이 계획되어 있어 큰돈을 집행해야 하는 일, 이렇게 두 가지 어려움이 있다는 것이다. 그 두 가지 힘든 일이 나를 적극 추천한 까닭이라고도 했다.

학교는 정말 컸다. 아이들이 많았다. 운동장, 뜰, 현관, 복도, 교실 어느 곳 하나 조용한 곳이 없었다. 여기서도 벅적벅적, 저기서도 와글와글이다. 학교가 아니라 전통 시장 대목 장날 같았다.

아이들 수에 견주어 운동장은 아주 좁았다. 손바닥만 하다는 말이 어울렸다. 시끌벅적한 운동장에서 흙먼지가 자욱하게 일어났다. 그 흙먼지가 가까이 있는 아파트까지 마구 덮쳤다. 학교를 가운데 두고 높은 성처럼 빙 둘러 있는 아파트 주민들이 흙먼지 때문에 많이 힘들어한단다. 따라서 주민들의 원성과 민원이 끊이지 않는단다. 그래서 인조 잔디 운동장을 까는 게 숙원 사업이란다.

드디어 그 숙원이 이루어져 국민체육진흥공단으로부터 예산이 확보되어 공사 시작만 기다리고 있었다. 아이들도, 학부모들도, 교직원들도 그리고 인근 아파트 주민들도 운동장에 녹색 인조 잔디가 깔릴 날만 손꼽아 기다렸다.

특별한 일이 없으면 올해 안에 이 사업을 해야 한다고 행정실장이 설명했다. 그러지 않으면 확보된 예산을 반납해야 할 수도 있단다. 전임 교장과 학부모 대표와 학교 운영위원들이 발이 닳도록 관계 기관을 찾아다니며 애를 써서 힘들게 따 온 사업이란다.

맙소사! 운동장에 인조 잔디를 깔아야 한다니. 그것도 올해 안에! 큰일 났다. 예산을 반납하는 한이 있더라도 인조 잔디는 깔고 싶지 않았다. 인조 잔디는 건강에 해롭다. 친환경이 못 되는 것도 문제지만 도시 속에서 코딱지만 하게 남아 있는 운동장 흙마저 틀어막아 버린다는 것은 아이들 숨구멍을 막아 버리는 끔찍한 일이라는 생각에서다.

흙을 밟고 자란 아이는 용기를 가지고 세상을 살아가지만 시멘트나 아스팔트를 밟고 자란 아이는 오기로 세상을 살아간다고 했다. 아무리 다급하더라도 인조 잔디는 아니라는 생각이 들었다. 교장

자리에 앉아 이거 하나 막아 주지 못하면 그게 교장인가 하는 오기가 났다. 99명이 '예' 하더라도 나 혼자만이라도 '아니오' 해야 할 게 바로 이 일이다. 이러려고 이 학교에 운명처럼 온 거라는 생각까지 들었다.

예산을 반납하는 한이 있더라도 인조 잔디는 아니라는 생각을 운영위원 회의 때도, 학부모 대표와 만나서도, 선생님들에게도 내비쳤다. 모두가 펄쩍 뛰었다. 아파트 주민들이 먼저 들고일어날 거란다. 인조 잔디가 깔린다고 하니 그나마 주민들이 참고 있는 거란다. 난 감했다. 대안이 있어야 한다. 그것도 아이들, 학부모들, 주민들까지 모두 만족시킬 수 있는 대안.

끙끙거리고 있는데 마침 학교 강당 공사가 먼저 시작되었다. 인조 잔디 운동장 만드는 일은 강당 공사가 끝난 뒤로 미루어졌다. 강당과 운동장 공사를 동시에 할 수는 없어서이다. 강당 공사를 할 때 자재 창고로 운동장 반을 써야 하기 때문이다.

일단 시간을 벌었다. 그렇다고 느긋하게 앉아 있을 수는 없었다. 강당 공사 끝내기 전에 무슨 뾰족한 수를 내놓아야 했다. 대구 시내 200여 개 초등학교 교장들을 상대로 설문 조사를 했다. 몇몇 체육부장들에게도 의견을 들었다. 찬성하는 쪽에서는 '인조 잔디가 옛날보다 좋아져서 문제점이 많이 보완되었다' '인조 잔디 운동장은 무엇보다 아이들이 좋아한다' 이런 의견들을 주었다.

반면에 '도시락을 싸서 다니면서라도 인조 잔디 운동장을 말리겠다' '아이들 건강을 생각한다면 인조 잔디는 생각도 하지 마라' '좋은 것은 눈요기 말고는 없다'면서 반대 의견을 내놓는 쪽도 있었다.

찬성과 반대가 거의 반반이었다. 인조 잔디 운동장이 있는 학교를 찾아다니며 살펴보기도 했다.

궁하면 통한다더니 아주 좋은 소식이 들려왔다. 인조 잔디 운동장과 모래 운동장의 문제점을 한꺼번에 해결하는 대안 운동장이 있다는 거다. 바로 '에코스톤' 운동장이란다. '에코스톤'은 화산재를 섞어 만든 흙으로 진한 갈색이라서 보기도 좋고 수분 조절도 잘 되어 먼지가 나지 않는단다. 무엇보다 마음을 끈 것은 친환경 소재로 건강을 해치지 않는다는 거다.

에코스톤 흙으로 운동장을 만든 학교 두 곳에 가 보기로 했다. 경북 상주초등학교와 부산 부일외국어고등학교였다. 추진위원들과 서둘러 달려가 보았다.

처음에 간 상주초등학교 운동장은 에코스톤 흙이 넉넉하게 깔려서 색깔이 좋고 먼지도 나지 않았지만 바닥 다짐이 좋지 않았다. 모래밭을 걷는 느낌이었다. 아이들에게 물어보니 좋다고는 하는데 아무래도 생각만큼 만족스럽지 않았다.

다음에 찾아간 부일외고는 반대로 바닥 다짐은 아주 좋았지만 너무 단단해서 일반 운동장과 크게 다르지 않았다. 운동장 위에 깔아놓은 에코스톤 알갱이가 구석구석 몰려서 어떤 곳은 두껍게 깔렸고 어떤 곳은 다져 놓은 흙바닥이 그대로 드러나 보였다. 이 학교 아이들은 만족스럽다고 말했지만 내 성에 차지 않았다.

두 학교 운동장의 문제점은 에코스톤과 모래의 비율에 있다는 것을 알았다. 비율 문제는 기술 문제이기도 했지만 예산 문제이기도 했다. 에코스톤은 비싼 흙이다. 다행히 우리 학교는 운동장이 좁아서 예산은 충분했다. 운동장 사업은 운동장 크기에 상관없이 예산이 똑같이 배정된다. 그래서 운동장이 좁으면 예산에 그만큼 여유가 생긴다. 두 학교의 부족한 부분을 우리는 충분히 해결할 수 있다는 자신감이 생겼다. 시공 업체에서도 두 운동장의 부족한 점을 에코스톤 흙과 모래 비율로 충분히 해결할 수 있다고 장담했다.

추진위원들은 만장일치로 에코스톤 운동장으로 마음을 굳혔다. 문제는 학부모들 설득이다. 때마침 인조 잔디와 우레탄이 아이들 건강에 나쁘다는 이야기가 언론에 집중 보도되었다. 이미 만들어 놓은 인조 잔디와 우레탄도 다 걷어 내야 한다고도 했다. 상황은 우리 편이다. 이때다 하고 얼른 설문지를 돌렸다.

흙먼지를 막기 위해서 트랙만은 우레탄으로 깐다는 조건으로 에코스톤, 인조 잔디, 모래(마사토) 세 가지를 두고 학부모와 교직원들에게 선택하게 했다. 에코스톤을 고른 사람들이 월등히 많았다. 아파트 주민들에게는 운영위원들이 잘 설득하겠다고 했다. 방향이 정해지자 일은 빠르게 진행되었다. 트랙도 우레탄의 단점을 보완한 '롤시트'를 깔기로 결정을 했다. 우레탄 트랙은 아스팔트 포장하듯이 흩뿌려서 만들지만 '롤시트' 트랙은 두루마리로 된 시트를 장판처럼 깐다. 값은 비싸지만 친환경이란다.

강당 공사를 마무리하자 곧바로 운동장 공사를 시작했다. 강당 공사 때는 운동장을 반이라도 썼지만 운동장 공사 때는 아예 못 썼다. 운동장이 없으니 숨구멍이 막힌 것처럼 답답했다. 아이들이 몹시 불편해했다. 그나마 강당이 두 개가 있고 학교 앞뒤에 작은 어린이 공원과 놀이터가 있어서 다행이었다.

1,700명이나 되는 학생들이 불편을 겪었지만 특히 6학년 아이들에게 더욱 미안했다. 운동장 공사가 끝나고 얼마 지나지 않아 졸업하니 참고 견뎌서 지은 운동장에서 마음껏 놀아 보지도 못한다. 기회가 있을 때마다 아이들에게 참고 견뎌줘서 고맙다는 말을 하면서 6학년에게 더 미안하다는 말을 덧붙이곤 했다.

드디어 운동장이 완성되었다. 아이들이고 어른들이고 모두가 만족했다. 이제 처음 문을 여는 강당 개관식과 운동장 개장식을 하는 일만 남았다. 바깥 사람들을 부르지 않고 우리끼리 하자고 의견을 모았다. 불편을 참고 견뎌 준 아이들을 중심에 두고 학부모와 교직원들 이렇게 우리 식구들만이 오붓하게 하도록 계획을 짰다. 교육청이나 관련된 사람들이 그렇게 간단하게 하면 안 된다고 했지만 우리 강당이고 우리 운동장이니 뭐가 문제인가 싶어 우리끼리 추진을 했다. 시 교육청은 놔두고 교육지원청은 '우리끼리'에 넣자는 의견도 있었지만 혹시나 교육지원청에 알리는 과정에서 바깥으로 소문이 퍼지기라도 하면 지난 졸업식 때와 같은 사달이 벌어질까 봐 '우리끼리'를 학교 안으로 좁혔다.

지난 졸업식 때 이런 일이 있었다. 체육관 개관식 전이기는 했지만 강당을 식장으로 쓸 수 있어서 새 강당에서 졸업식을 했다. 그때 우리 지역 정치인 아무개 씨가 와서 축사를 했다. 초대하지 않은 손님이었다.

"여러분, 이런 좋은 강당에서 졸업식을 하니까 좋지요? 이 강당 누가 지어 줬는지 알고 있나요? 내가 지어 준 겁니다. 이 강당 짓는 예산을 끌어오는 데 힘깨나 들었습니다."

깜짝 놀랐다. 이런 엉터리 같은 말을 졸업생과 졸업생 부모님들이 다 들어야 한다니 어이가 없었다. 초대하지도 않았는데 기어코 우겨서 참석한 까닭이 거기에 있었던 거다.

그 뒤 방송 조회 때 우리 학교 강당과 운동장을 어떻게 짓게 되었는지 아이들에게 자세히 알려 줬다. 강당과 운동장을 짓는 돈은 나라에서 나왔고, 그 돈은 우리 부모님들이 낸 세금이고, 강당을 짓는 데 불편함을 견뎌 준 사람은 우리 학교 식구들이다. 그러니 강당과 운동장은 부모님과 우리 학교 식구들이 함께 지은 것이다. 우리가 불편함을 견뎌 준 덕에 앞으로 우리 후배들은 아주 편리하게 잘 쓰게 되었다. 따지자면 가장 큰 공을 세운 사람은 어린이 여러분이다. 이러면서 크게 손뼉을 함께 쳤다.

강당 개관식과 운동장 개장식을 우리끼리 하자고 결정을 해 놓고 그 방법을 찾고 있을 때 체육부 선생님들이 아주 좋은 생각을 냈다. 공식 강당 개관식과 운동장 개장식을 하기 전에 먼저 아이들이 마음껏 새 운동장에서 뛰어 볼 수 있는 학년별 운동회를 하자고 했다. 11월이라 조금 늦기는 했지만 가을 운동회 맛을 낼 수 있단다. 운동회 이름은 '새 운동장에서 하루 즐기기'였다. 멋졌다.

이름깨나 있는 사람들이 하얀 장갑을 끼고 가위로 알록달록한 줄을 싹둑 자르면 아이들은 손뼉이나 크게 치는 그런 개관식, 개장식보다야 훨씬 멋진 행사다.

학년별로 날짜를 잡고 가정통신문을 보내고 큰 펼침막도 내걸었다. 에코스톤 운동장에서는 청백 겨루기, 피구, 축구, 야구가 펼쳐지고, 롤시트 트랙에서는 개인 달리기와 청백 이어달리기가 벌어졌다.

신났다. 스프링클러로 물을 뿌려 더 빨갛게 된 에코스톤 운동장은 몇백 명 아이들이 한꺼번에 뛰고 달려도 먼지가 나지 않았다.

이렇게 아이들이 먼저 즐긴 다음, 며칠 뒤에 강당 개관식과 운동장 개장식을 한데 묶어서 '우리끼리' 했다. 두 가지만 묶은 게 아니라 학부모회에서 하는 '민속놀이 한마당'과 우리 학교와 자매를 맺은 농촌 마을 사람들의 '우리 농산물 판매장'도 함께 열었다.

"이 강당과 운동장 누가 지은 거지요?"

운동장 개장식에서 아이들에게 이렇게 물어봤다.

"부모님과 우리들이요!"

아이들이 우렁차게 대답했다. 아침 방송 때 몇 번 이야기를 했던 터라 아이들은 머뭇거리지 않고 대답했다. 1학년 줄에서는 "교장 선생님이요!" 하는 대답도 나왔다. 언젠가 1학년 아이들이 강당과 운동장을 지어 주는 교장 선생님은 부자라고 해서 웃은 적이 있다.

강당에서는 우리 학교 자랑인 국악관현악단과 합창단 공연도 했다. 볼거리, 놀거리, 먹을거리까지 푸짐한 잔치였다. 강당과 운동장에는 만국기도 달고 풍선도 띄워서 잔치를 한껏 돋웠다.

운동장을 짓고 몇 년 지나지 않은 2016년도에 대구 시내 인조 잔디 운동장을 모두 조사했는데 160여 곳에서 유해 물질인 납이 허용 기준치를 넘어서 165억 원을 들여 걷어 냈단다. 또 2019년도에는 대구 지역 초, 중, 고 우레탄 운동장 72곳에서 발암물질인 환경호르몬 '프탈레이트'가 나와서 98억 원을 들여 친환경 운동장으로 바꿀 계획이란다. 그렇지만 그 에코스톤 운동장과 롤시트 트랙은 지금도 변함없이 그 자리에서 당당하게 아이들 놀이터가 되고 있다.

성장하는 아이들은 어른보다 화학물질에 더 민감할 수밖에 없다. 같은 화학물질에 닿더라도 아이들에게 독성이 더 크게 나타날 수 있고, 화학물질에서 나오는 독성을 제거하는 능력이 어른보다 떨어지는 것은 너무나 당연하다. 아이들에게는 운동장은 곧 교실이다. 날마다 땀 뻘뻘 흘리며 뒹구는 넓은 교실이다. 보기 좋고 관리하기 좋다는 핑계로 인조 잔디를 깔아서는 정말 안 된다.

에코스톤 흙이 비싸다고는 하지만 4억이라는 큰돈을 들여 지은 인조 잔디 운동장의 수명은 길어야 8년이다. 8년이 지나면 걷어 내야 한다. 일 년에 무려 5천만 원 이상이 들어가는 셈이다.

그러나 비바람에 쓸려 내려간 에코스톤 흙을 보충하는 데에는 일 년에 몇십만 원만 쓰면 되니 인조 잔디 까는 비용과 견줄거리도 안 된다. 아이들 건강이나 걷어 낸 인조 잔디 처리 문제는 놔두고도 계산이 이렇다. 그리고 인조 잔디 운동장의 수명이 8년이라지만 대부분은 8년까지도 가지 않는다.

요사이 나는 어느 학교라도 들어서면 먼저 운동장부터 살피는 버릇이 생겼다. 인조 잔디가 아니고 흙이 그대로 있으면 얼마나 반가운지 모른다. 흙 운동장에 쪼로니 박혀 거치적거려 보이던 표시들이 이젠 보석처럼 보이기까지 한다.

급식실
자율 조절대

"교장 선생님, 선물입니다."

등교 시간에 교문에서 아이들을 맞이하는데 남자아이가 쫓아오더니 무엇을 불쑥 내밀며 한 말이다.

"선물이라니? 이게 뭔데?"

아이가 내민 것은 잎자루가 기다란 풀잎 하나였다.

"네잎클로버잖아요."

"고맙다. 그런데 이건 어디서 났니?"

"학교 뒤에 있는 공원에서 찾았어요."

"이 귀한 것을 왜 나를 주니?"

"교장 선생님 행운이 가득하라고요."

"니는?"

"저는 찾았기 때문에 행운이 올 거예요."

"그래, 고맙다."

가슴이 뭉클했다. 폴짝폴짝 뛰어가는 아이 뒷모습과 내 손에 있는 그 풀을 보니 자꾸 웃음이 나왔다. 그 풀은 토끼풀이 아니었다. '네가래'라는 풀이다. 심장 모양을 하고 있는 잎이 토끼풀과 비슷하지만 잎자루가 더 길다.

"교장 선생님, 무슨 좋은 일이 있으세요?"

출근하던 선생님 한 분이 가까이 오면서 물었다. 새로 온 여자 선생님이다.

"있고말고요. 조 선생님, 이걸 가지세요. 선물입니다."

들고 있던 네가래 풀을 쑥 내밀었다.

"이게 뭔데요?"

"네 잎 토끼풀이잖아요. 아이들과 행운 가득한 날 보내세요."

"어디서 났는데요?"

"학교 뒤에 있는 공원에서 찾았지요."

"아이고 좋아라! 고맙습니다. 아이들에게 자랑해야지."

조 선생님이 네가래를 받아 들고 팔짝팔짝 발걸음도 가볍게 교실로 들어갔다. 좋아하는 모습도 우습고, 네가래와 토끼풀을 구별 못한다는 사실도 우스웠다.

이 일이 있고 며칠 뒤 학부모 총회가 있었는데 그 자리에서 이 이야기를 꺼냈다. 모두들 감동이란다. 기특한 아이란다. 그래서 내가 학부모들에게 물어봤다. 아이가 어떻게 이런 기특한 짓을 할 수 있었을까. 전날 담임 선생님이 이런 과제를 내 줬을까. 아니면 아침에 아이를 학교에 보내면서 어머니가 시켰을까. 학부모들의 대답은 둘 다 아니란다.

"담임 선생님도 어머니도 시킨 게 아니라면 아이 스스로 그렇게 한 것이네요?"

"맞아요. 그래서 더욱 감동입니다."

"어머니가 시킨 것은 아니지만 따지고 보면 어머니가 시킨 거나 마찬가지입니다. 왜 그런가 하니 그 아이가 네 잎 토끼풀을 찾겠다고 마음을 낼 수 있었던 것은 등굣길이 여유로워서입니다. 아이 어머니가 아침밥을 여유 있게 먹도록 해 줬다는 말입니다. 그 아이에게 밥은 배불리 먹고 왔는지, 똥은 누고 왔는지 물어봤는데 두 가지 모두 잘했다고 했습니다.

밥을 해 주는 사람이 시간에 쫓겨 펄펄 끓는 밥과 국을 퍼 주고 시계를 보면서 얼른 먹고 가라고 독촉한다면 아무리 맛있는 음식이라도 천천히 꼭꼭 씹어 배불리 먹을 수 없습니다. 천천히 꼭꼭 씹어 먹게 하려면 시간에 쫓기지 않아야 합니다.

'맛있는 음식을 여유 있게' 이게 사랑과 정성과 기가 담뿍 담긴 엄마표 아침 밥상입니다. 아이가 커서 어른이 되어도 이 엄마표 밥상은 다시 찾고 싶은 맛의 고향이 됩니다. 연어가 자라면 자기가 태어난 여울을 찾듯이 사람도 어른이 되면 반드시 엄마표 밥상을 찾습니다.

아침밥을 맛있게, 배불리 먹고 여유롭게 가는 등굣길에는 길옆에 돋아난 풀도 보이고, 파란 하늘에 떠 있는 갖가지 구름도 보이고, 가로수에 앉아서 지저귀는 새소리도 들립니다. 담장에 예쁘게 핀 장미꽃에 코도 갖다 대어 볼 수 있습니다. 골목에서 나오는 동무에게 손을 흔들어 반갑게 인사도 할 수 있습니다.

자연현상에 관심과 호기심을 갖게 하는 것은 과학 시간에만 할 수 있는 게 아닙니다. 맛있게 여유 있게 차려 준 엄마표 아침밥이 해 줍니다.

그렇지만 등교 시간에 쫓겨 오직 교문을 향해 마구 내달리는 아이에게는 이런 기회가 오지 않습니다. 아무리 금쪽같은 내 아이라고 해도 부모가 아이 학교생활을 대신 해 줄 수는 없습니다. 그러나 잘해 낼 수 있는 힘을 줄 수는 있습니다. 엄마표 아침 밥상으로."

학부모들이 집중해서 잘 들었다. '아침밥 잘 먹여 보내자.' 학부모들에게 꼭 필요한 말이지만 꼰대의 잔소리가 되어 흘려듣기 쉬운데 이 '네가래 이야기'가 양념이 되어 줬다.

그 뒤부터는 학부모들에게 아이들 아침밥 제대로 먹여서 보내자는 이야기를 할 때 늘 이 '네가래 이야기'를 한다. '원활한 뇌 활동을 위해서는 포도당이 필요한데 그 포도당 저장 시간은 불과 몇 시간이고 그래서 아침밥을 먹어야 어쩌고저쩌고……' 하는 이야기보다는 네가래 이야기가 훨씬 설득력이 있기 때문이다.

아침밥 먹이기는 이렇듯 학부모의 몫이지만 점심을 제대로 먹이는 건 학교의 몫이다. 점심도 역시 맛있게 해 줘야 하고, 여유를 가지고 천천히 꼭꼭 씹어 먹도록 해야 한다.

학교 급식은 선생님들에게는 뷔페식이지만 아이들에게는 일방 배식이고 일률 배식이다. 일률 배식은 자기 선택이 아니다. 아이들에게도 뷔페식으로 하면 좋겠지만 하루 영양소 권장량을 먹이기 위한 급식 지도, 골고루 먹게 하는 편식 안 하기 지도, 그 밖에 여러 가지 학교 여건들 때문에 쉽지 않다. 그래서 아이들의 의사와 관계없이 음식 종류고 양이고 거의 똑같이 받아 들게 된다.

아이들마다 좋아하는 음식이 다 다르고, 먹는 양도 다 다른데 배식은 똑같이 한다. 여기서부터 학교 급식 지도가 어려워진다. 급식 지도에서 가장 어려운 문제가 '음식 남기지 않기'이다. 식판 검사, 잔반 없는 날과 같은 온갖 방법을 다 써 보지만 잘 되지 않는다.

학교에서 하는 급식은 교육이다. '먹고 싶은 것만 먹고, 먹기 싫은 것은 마음대로 남겨도 된다'고 하는 것도 제대로 된 급식 지도가 아니지만, 먹기 싫다는 걸 억지로 먹이는 것도 올바른 급식 교육이 아니다. 아이도 힘들고 선생님도 힘들다. 그런 아이를 학교에 보내는 학부모도 힘들다.

골고루 먹게 하면서도 아이가 좋아하는 음식을 더 먹을 수 있게 하는 방법이 없을까. 그래서 생각한 게 '자율 조절대'이다. 일반 식당에 가면 뷔페 식당이 아닌데도 반찬이나 밥을 더 가져다 먹을 수 있도록 해 놓은 곳을 더러 볼 수 있다. '반찬은 셀프입니다' 하고 써 놓은 게 그것이다. 주인도 편하고 손님도 좋다.

내가 교장을 지낸 두 학교에서 모두 이전에 지은 급식실을 새롭게 바꾸는 공사를 했다. 당연히 자율 조절대를 가장 먼저 설치했다. 자율 조절대 설치는 어렵지 않다. 문제는 그것을 제대로 잘 써먹는 것이다.

학교에 마련된 자율 조절대는 일반 음식점과 쓰임이 다르다. 학교에서는 자율 조절대가 있어도 우선은 일률 배식을 해야 한다. 자율 조절대는 일률 배식 다음에 보조로 활용된다. 모자라면 언제라도 자율 조절대에 가서 음식을 더 가져와서 먹을 수 있다.

이게 잘 되려면 처음 일률 배식할 때 음식 양을 적게 주는 게 중요하다. 자율 배식대에서는 더 가져갈 수는 있지만 덜어 낼 수는 없는 구조이다. 학교 급식에는 성장 발달에 필요한 영양소를 기본으로 먹여야 하기 때문에 처음에 적은 양으로 고르게 배식한 것을 덜어 내게 할 수는 없다. 급식 위생을 위해서라도 덜어 내는 것은 곤란하다. 이것만 제대로 되면 음식을 남기는 문제는 거의 해결된다.

물론 자율 조절대 없이도 급식대에 가서 더 가져와 먹을 수 있지만 5교시 수업 시간에 쫓기는 학교 급식에서는 쉽지 않은 일이다. 교실 급식에서는 자율 조절대 없이도 적당량 받기와 더 먹기를 모두 할 수 있는 장점이 있다. 하지만 조리한 음식이 식거나 교실 청결이 문제가 되기도 한다.

자율 조절대를 마련해 놓는다고 해서 급식 지도가 쉽게 되는 것은 아니다. 그래서 자율 조절대를 쓰는 규칙이 필요하다. 규칙은 간단하지만 아주 엄격하게 지도할 필요가 있다. 실천력을 높이고 키우기 위해서 자치회의 안건으로 올려 스스로 점검하고 다짐하는 기회를 갖게 하는 것 또한 필요하다. 자율 조절대 쓰는 규칙은 기본 몇 가지만 정해서 꼭 실천하면서 몸에 배게 해야 한다.

〈자율 조절대 사용 규칙〉

1. 덜어 내서는 안 됩니다.

2. 더 먹고 싶은 음식이 식판에 남아 있을 때는 가져가서는 안 됩니다.

3. 두 번까지만 가져갈 수 있습니다.

이렇게 하면 음식 남기는 문제는 크게 줄일 수 있다. 이제 남은 문제는 '천천히 꼭꼭 씹어 먹도록 하기'이다. 이 급식 지도에서는 밥 먹는 시간을 충분히 마련하는 것이 중요하다. 그렇지만 식당 급식은 점심시간을 쪼개서 써야 하는 경우가 많다. 학생 수가 많은 학교는 세 번으로 쪼개서 쓰는 경우도 있다. 그렇게 되면 앞 차례가 된 학년은 뒤 차례에 먹을 학년을 위해서 서둘러 먹게 된다. 뒤 차례에 먹는 학년은 오후 수업 시간에 쫓겨 또 허겁지겁 먹게 된다. 그러다 보니 입가심으로 나온 과일이나 음료를 제자리에서 먹지 못하고 들고 나가면서 먹기도 한다. 식당 급식을 줄이고 교실 급식을 늘리더라도 아이들이 여유를 가지고 꼭꼭 씹어 천천히 먹도록 시간을 마련해 주는 게 학교 급식에서 무엇보다도 중요하다.

우리 학교에서는 2교대 급식을 했는데 높은 학년과 낮은 학년이 짝을 이뤄서 했다. 가운데 학년인 3, 4학년은 교실 급식이다. 급식실 쓰는 차례는 언제나 높은 학년이 먼저이다. 얼른 먹고 축구도 하고 싶고, 야구도 하고 싶은 마음은 높은 학년이 더 크기 때문이다.

어느 날 교실 급식을 하는 4학년 교실에 들어가 봤다. 늦게까지 남은 아이들 몇이 아주 천천히 여유롭게 밥을 먹고 있었다. 어느 여자아이의 식판이 어찌나 깨끗한지 마치 음식을 받기 전 식판 같았다.

"세상에! 다 먹은 거야, 음식을 받기 전인 거야?"

"다 먹었습니다."

"이래 싹싹 긁어 먹으려면 손재주가 있겠는걸. 너는 장래희망이 뭐지?"

"의사입니다."

"아주 훌륭한 의사가 되겠어. 우리나라 의사들이 뛰어난 까닭은 손재주가 있어서래."

"진짜요?"

"그럼 진짜지."

그 뒤부터 그 아이는 자기는 손재주가 있다고 자랑하면서 다니더라고 담임이 귀띔을 해 줬다. 교실 급식이 문제점이 없는 건 아니지만 이런 좋은 점도 있다.

학교에서는 아이들의 한 끼 밥을 책임진다. 밥상머리 교육이라는 말을 들먹이지 않더라도 밥 먹는 습관은 어떤 습관보다 중요하다. 식사 예절은 예절 가운데서도 으뜸 예절이다. 학교에서 하는 급식 지도가 어느 교육 못지않게 중요한 까닭이다.

내가 아침마다 써서 교실로 보냈던 '교실로 보내는 아침 편지'에 급식 지도 이야기가 자주 나온다.

1학년 아이들이 점심을 아주 잘 먹네요.

밥풀 하나, 국물 한 방울 남기지 않아 식판이 반짝반짝합니다.

학교 밥이 맛있다고들 야단이네요.

자율 조절대에 가서 더 가져와 먹는 아이들이 많아요.

처음 급식부터 제대로 되면 그게 평생 버릇으로 자리를 잡지요.

그래서 초등학교 교육목표가 '기본 생활 습관 기르기'잖아요.

학교 교원들이 다른 공무원보다 퇴근이 한 시간 빠른 것은 급식 지도하는 점심시간 한 시간이 근무 시간으로 들어가기 때문입니다.

점심시간 급식 지도 그게 보통 어려운 게 아닙니다.

수업 한 시간보다 어려운 게 사실입니다.

급식이 학교로 들어온 이상 급식 지도를 제대로 해야겠다는 생각입니다.

초등학교 때 반듯하게 길러진 밥 먹는 버릇은 평생 가지고 갑니다.

진짜 상
가짜 상

　학교 교문이나 담벼락에 무슨 표창이나 상을 받아 교육 성과를 크게 올렸다고 써서 걸어 둔 펼침막을 심심찮게 본다. 상을 받은 아이들 하나하나 이름까지 적어 놓은 펼침막도 있다. 상 등급이 장관이나 그 위로까지 올라가면 눈에 잘 띄도록 진하게 색깔을 넣기도 한다.

　교육 활동을 잘해서 학교와 아이들이 상을 받을 수 있다. 서로 칭찬하고 격려하고 축하할 일이기도 하다. 그렇다고 해서 아이들이 날마다 드나드는 교문 위에 '학교를 빛낸 장한 아이'라고 이름을 써 놓을 필요가 있을까 하는 생각이 든다. 거의 모든 보통 아이들은 날마다 그 펼침막 밑을 드나든다. '나도 노력해서 저런 아이들처럼 될 거야' 하면 다행이지만 그보다 기죽고 주눅 드는 아이들이 더 많지 않을까.

　상은 칭찬하는 방법 가운데 하나이다. 칭찬은 잘하는 것을 더 잘하게 하는 힘이 있고 용기와 의욕을 북돋워 주기도 한다. 그렇지만 학교에서 상을 주고받을 때는 상을 받지 못하는 아이들을 생각해야 한다. 아이들 이름 하나하나까지 밝혀서 교문이나 담장에 펼침막을 걸어 두는 것은 생각해 볼 일이다.

상 탄 것을 축하하고 격려는 하되 펼침막을 내걸어 자랑하지는 않는다. 학교신문에 상 탄 자랑은 싣지 않는다. 복도나 벽에 거는 아이들 작품에 특상이니 우수상이니 하는 것을 밝혀 쓰지 않는다. 이 원칙을 해마다 학년 초부터 내세웠다. 선생님들도 모두 찬성했다. 그런데 가끔 원칙에서 벗어나 펼침막을 걸어 칭찬하고 싶은 경우가 생겨 난감할 때도 있다.

"교장 선생님, 이번만은 현수막을 내걸었으면 좋겠습니다. 정말로 아이들이 잘했습니다."

긴 줄넘기 대회에서 여자 팀이 우승했다는 전화를 받고 교감 선생님이 교장실로 달려와서 한 말이다.

"우승했다고요? 정말입니까?"

교감 선생님 못지않게 나도 흥분하여 자리에서 벌떡 일어났다.

"내 그럴 줄 알았습니다. 연습할 때부터 알았다니까요. 아이들이 얼마나 재미있게 연습을 했나요? 체육부장 선생님이 정말 대단한 일을 해냈습니다."

"맞지요? 연습은 흙바닥에서 하고, 경기는 체육관 마룻바닥에서 했지만 우승을 했어요. 그게 더 놀라워요."

교감 선생님과 나는 기쁨을 감추지 못해 흥분된 감정을 번갈아 토해 냈다. 학교 스포츠클럽 긴 줄넘기 선수들과 지도 선생님인 체육부장은 날마다 긴 줄넘기로 잘 놀았다. 연습이 아니라 그야말로 줄넘기 놀이를 즐겼다.

"우리가 아무리 해도 등수에는 못 들어요. 마룻바닥인 체육관에서 경기를 하는데 흙바닥 운동장에서 연습해서 어떻게 상을 타요? 그렇지만 아이들이 정말 재미있어해서 신나요. 어떨 때는 더 하려고 해서 귀찮기도 하다니까요."

연습 환경이 좋지 않았지만 체육부장이 아이들과 연습을 부지런히 했다. 대회가 얼마 남지 않은 어느 날, 운동장 구석 그늘 밑에서 여느 때처럼 연습을 하고 있었다.

"너희들 마음대로 해!"

체육부장이 웬일인지 화를 벌컥 내더니 운동장을 가로질러 교무실로 가 버렸다. 아이들은 한동안 멍하니 서 있더니 금세 저희들끼리 다시 연습을 했다. 아니 놀이를 했다. 순서도 바꿔 보고, 줄 돌리는 속도도 줄여 보고 했다. 아마도 선생님 생각과 아이들 생각이 달랐던 모양이다. 선생님이 삐쳐서 들어가고 없으니 저희들끼리 더 잘했다. 선생님이 아이들을 혼내는 건 봤어도 삐쳐서 들어가는 건 처음 봤다. 우스웠다.

한참 뒤에 체육부장이 다시 나왔다. 그런데 아이들 수만큼 빵과 아이스크림을 들고 나왔다. 종알거리며 간식을 먹는 아이들과 선생님을 보니 저절로 웃음이 나왔다. 그 뒤에 선생님 생각대로 했는지 아이들 고집대로 했는지는 모르겠지만 선생님과 아이들의 모습이 정말 보기 좋았다.

이러했으니 우승 소식이 기쁘지 않을 수가 없었다. 펼침막을 내걸자는 교감 선생님의 마음은 이해가 되었지만 규정이 고무줄 잣대가 되어서는 곤란했다. 그 뒷날 축하하는 마음을 가득 담은 아침 편지를 교실에 보내는 걸로 펼침막을 대신했다.

상 탄 것을 자랑하는 펼침막을 걸지 않는다고 해서 교문 위에 아무것도 없는 것은 아니다. 한 학년이 올라가는 3월에는 진급을 축하하는 글을 써서 내건다.

'1학년 입학과 한 학년 올라가는 진급을 축하합니다.'

기쁜 아이에게는 함께 기뻐하자는 것이고, 혹시라도 한 학년 올라가서 동무들이 바뀌고 담임 선생님이 바뀌는 게 부담스러운 아이에게는 축하받을 일이니 겁먹지 말라는 격려다. 설레는 마음을 함께하자는 뜻도 담겨 있다.

여름방학을 마치고 개학을 할 때도 펼침막을 내건다.

'많이 기다렸습니다. 2학기를 힘차게 시작합시다.'

선생님들이 기다리고 있으니 기쁜 마음으로 교문으로 들어오라는 주문 같은 글이다.

겨울방학을 마치고 올 때도 마찬가지다.

'많이 기다렸습니다. 마무리를 멋지게 합시다.'

학부모 상담 주간을 맞아서 '한 아이를 잘 키우려면 온 동네가 나서야 합니다' 이렇게 펼침막을 걸어 놓았더니 교장실로 전화가 왔다. 마을 사람인데 지나가다가 교문 위에 걸린 펼침막을 보니 감격해서 눈물이 다 나더란다. 이 학교는 정말 온 힘을 다해 교육하는구나 하는 생각이 들었단다.

어느 해 교육청에서 학교 업무를 줄여 준다고 많은 사업을 없앴는데 합창 대회도 함께 없애 버렸다. 합창단을 꾸려서 연습을 하던 학교 가운데 일이 하나 줄었다고 좋아하는 학교가 있는가 하면, 상 탈 기회를 놓쳤다고 힘 빠져 하는 선생님도 더러 있었다. 우리 학교 합창 지도 선생님은 아쉬워하는 쪽이었다.

"선생님, 합창 대회 잘 없어졌습니다. 선생님이 그토록 열심히 지도하는 게 상장 하나 타려고 하는 게 아니었잖아요. 안 그래요? 대회는 없어졌지만 아이들과 더 재미있게 하세요."

"그래도 아이들을 무대에 세우고 싶었어요."

지도 선생님은 합창단을 없애지 않고 계속하겠단다. 아이들을 무대에 세우고 싶다는 선생님 말이 백번 옳다. 그게 선생님 마음이다. 모든 학교를 강제로 참가시켜서 등수 매겨 상 주는 게 문제지 애꿎은 무대를 왜 없애 버리나? 아이들이 즐겁게 노래 부르는 마당까지 없애 버리다니 어이가 없었다. 상을 주면 교육이 살아나고, 상을 없애면 교육의 장도 함께 없어지는 건가. 빈대 잡으려고 초가삼간을 태우는 그게 행정 편의주의다. 다행히 우리 학교에서는 전통으로 이어져 오던 합창단과 국악관현악단은 지도 선생님이 대회가 있든 말든 관계없이 아이들을 계속 지도했다.

지도 선생님 희망대로 아이들을 무대에 세울 기회가 왔다. 등수를 매겨 상을 주는 무대가 아니라, 큰 행사에 앞서 노래를 부르고 국악을 연주하는 자리였다. 꾸준히 연습해 온 우리 학교 합창단과 국악관현악단이 참가했다. 아이들은 무대에서 신나게 재주를 자랑했다.

"심사를 했으면 당연히 우리 학교가 최우수상이었을 겁니다."

지도 선생님은 상에 대한 미련을 버리지 못했지만 아이들은 신나게 무대를 즐겼다.

내가 학급 담임을 할 때는 어느 반보다 상을 많이 줬다. 많이 준 정도가 아니라 그냥 쏟아부었다는 게 맞다. 상 종류도 굉장히 많았다. 상이 안 되는 게 없었다. 감기로 며칠 결석한 아이에게는 '감기 이긴 상'을 주고, 주사를 맞았다는 아이에게는 '주사 잘 맞은 상'을 주었다. 무슨 일이 있어 결석을 하면 '결석한 상'도 줬다.

담임이 주는 상장 모양은 품위가 있었다. 교장 직인이 찍혀서 나가는 학교장 상장과 똑같은 모양으로 준비했다. 학교를 상징하는 표시며 봉황 그림과 테두리도 같았다. 다만 상장 맨 밑에 무슨 학교 교장 아무개라는 글자 대신에 '신나는 교실 담임 윤태규'(나는 우리 교실을 '신나는 교실'이라고 했으며, 우리 반에서 다달이 펴내는 학급 문집 이름도 '신나는 교실'이었다)라고 인쇄되어 있는 것만 달랐다. 담임 도장도 학교 직인 모양처럼 네모로 새겨서 찍었다.

이런 상장을 아이들만 받은 건 아니었다. 담임인 나도 아이들에게 받았다. 아이들이 나에게 상장을 만들어 주었다. 아이들이 나에게 주는 상장 문구는 늘 '위 어른은……'으로 시작했다. 내가 주는 상은 인쇄된 글자이지만 아이들이 나에게 주는 상은 사인펜이나 알록달록한 크레파스로 쓴 삐뚤빼뚤한 글자였다는 게 다르다.

내가 아이들에게 여러 가지 상을 주었듯이 아이들도 그랬다. '이야기 잘 해 주는 상' '착한 어른 상' '참을성 상'……. 상장 천지였다. 완전히 놀이이고 장난이었다. 그때 받은 상장을 지금도 보물처럼

참을성 상

윤태규 선생님

위 어른은
우리가 많이 떠들었는데도
많이 참았기에 이 상을 줍니다.

1999년 9월 10일
신나는 교실 동무 김미애

재미있는 놀이 상

윤태규 선생님

위 어른은 우리들에게
오징어 놀이, 사다리깡 놀이와 같은
재미있는 놀이를 많이 가르쳐 주셨기
때문에 상장을 드립니다.

2002년 2월 15일
신나는 교실 동무 정성원

잘 간직하고 있다. 아이들도 그때 받은 상장을 잘 간직하고 있을까? 이렇게 상장을 주고받는 놀이가 소문이 나서 대구 엠비시(MBC) 텔레비전 공익광고 '칭찬합시다'에 오랫동안 방영되기도 했다.

상장 모양은 일반 상장과 다를 게 없었지만 분명히 다른 게 있다. 우리 반에서 주는 상은 누구와 견줘서 누구를 제치고 받는 상이 아니란 거다. 사실을 있는 그대로 칭찬해 주는 방법이다.

'착한 상'이 아니라, '아픈 동무 가방을 들어 준 상'이다. 달리기하다가 넘어졌는데도 울지 않고 벌떡 일어나서 툭툭 털고 달렸다면 이 얼마나 기특한 1학년 아이인가. 당연히 '울지 않고 달린 상'을 주어 칭찬했다.

교실에서 상장을 남발한 게 아니라 칭찬을 많이 한 거다. 초등학교는 기본 습관을 기르는 곳이다. 아주 대단한 일을 해야만 습관이 되는 게 아니다. 그냥 밥 잘 먹고, 잘 놀고, 안 울고, 잘 웃고, 병원에 가서 주사 잘 맞고, 약 잘 챙겨 먹는, 아주 작은 것들을 자주 하면 그게 습관으로 이어진다.

그러니 특별한 재능이 있는 아이에게만 상을 주는 게 아니다. 특출한 아이에게 주는 것도 아니다. 이런 것쯤은 '나도 할 수 있다' 하는 게 상 탈 거리다.

어제는 울었지만 오늘은 울지 않았으면 상 탈 노릇을 한 것이고, 아침에 스스로 일어나서 똥 누고 온 것도 상 탈 노릇을 한 것이다. 숙제 안 해 온 벌로 오후에 남아서 하고 갔다면 그것도 상 받을 일이다. 상장을 마구 주다 보면 학교나 외부에서 주는 상을 타지 못해 기죽은 아이들 마음을 희석하는 효과도 있다.

누구나 칭찬과 상을 받을 수 있는 곳이 교실이다. 칭찬은 고래도 춤추게 한다는 말이 있다. 그러나 칭찬에도 좋은 칭찬과 나쁜 칭찬이 있다. 누구와 견줘서 평가를 하고 판단을 하는 칭찬은 좋은 칭찬이 아니다. 특별히 뛰어난 아이에게만 쏠리는 칭찬 또한 좋은 칭찬이 아니어서 학교와 교실에서는 조심해야 한다. 상 탄 몇몇 아이들 이름을 적은 펼침막을 내걸어 동네방네 자랑하는 건 더 나쁜 칭찬 방법이다.

학교신문
만들기

  대부분 학교들은 학교신문 또는 소식지라는 이름으로 인쇄물을 만든다. 학교에서 아이들이 어떻게 지내는지, 어떤 공부를 어떻게 하는지를 알리는 일은 필요하다. 학부모들에게 학교신문은 학교가 어떤 목적을 갖고 어떤 교육 활동을 하는지, 우리 아이는 물론 다른 아이들은 어떻게 생활하는지를 엿볼 수 있는 기회가 된다.

  또 아이들은 학교신문에 참여하고 읽기도 하면서 또래들과 함께 또 다른 배움으로 한 발 한 발 나아가게 된다. 학교에서 당연히 해야 할 교육 활동이다.

  이런 학교신문은 하루하루 성장하고 오동통하게 살이 쪄 가야 한다. 봄에 연약하게 돋은 꽃망울이 따스한 햇살을 받고 물을 빨아들여 오동통하게 살을 찌워 끝내 탐스러운 꽃을 활짝 피워 내듯이 아이들과 함께 자라나야 한다.

  학교에서 찍는 학교신문이나 소식지들을 살펴보면 이런 것을 왜 만들어 내나 싶은 게 많다. 학교신문에 아이들이 보이지 않는다. 보이는 아이들이 있다면 잘나서 학교를 빛냈다는 아이들이다. 보내 준 정성을 생각해서 훑어보다가도 내던지다시피 놓아 버리기가 일쑤다.

학교마다 신문 이름만 다르지 그게 그거다. 두껍고 고급스러운 종이에 총천연색 사진을 요란스럽게 여기저기 박아 놓았지만 볼 만한 게 없다. 어른들 잔소리가 대부분이다.

한 학기에 딱 한 번 정도 나오니 신문도 아니고 소식지 노릇도 못한다. 1학기가 끝날 때쯤 내면서 3월에 오고 간 선생님들 이름이 '새 소식'에 실려 있다. 임기가 다 끝나 가는 회장, 부회장 당선 소식도 마찬가지이다.

글이나 그림 같은 아이들 작품도 실려 있지만 상 탄 작품이 많다. 학교가 무엇을 잘해서 어떤 상을 받았고, 무슨 대회에서 누가 어떤 상을 탔는지 빽빽하게 소개되어 있다.

학교 자랑은 그나마 학부모들이나 아이들에게 학교에 대한 자존감이나 긍지를 주는 효과가 있을지 모르지만, 개인이 탄 상 자랑은 무슨 교육 효과를 기대하면서 그리 열심히 싣는지 모르겠다. 공립 초등학교에서 왜 경쟁하듯이 이런 홍보를 해 대는지 이해가 안 된다. 마치 가 볼 만한 곳에 대한 자랑을 잔뜩 실은 지방자치단체 홍보지 같다.

눈에 거슬리는 건 내용뿐만 아니다. 눈에 잘 띄라고 울긋불긋 색깔을 넣은 글자가 있는가 하면, 영어 알파벳도 여기저기 보인다. '학력은 UP(↑), 학교 폭력은 DOWN(↓)' '공부도 하GO, 즐기기도 하

GO' 초등학교에서 발행하는 인쇄물이 이래도 되는가? 국어기본법도 안 지킨 이런 인쇄물을 어찌 진득하게 읽을 수 있겠는가.

교장 첫 발령을 받아 간 학교도 다르지 않았다. 교장이 바뀌었다고 자기 입맛에 맞게 이것저것 뜯어고치는 게 바람직하지 않지만 이런 학교신문만은 얼른 고치고 싶었다. 먼저 '학교신문 발행 원칙' 열 가지를 정했다.

1. 천연색 사진을 싣지 않는다.

2. 두꺼운 고급 종이를 쓰지 않는다.

3. 상 탔다는 자랑 글을 싣지 않는다.

4. 학교에 요구하는 학생들의 글을 많이 싣는다.

5. 교원들 글을 앞 장에 싣지 않는다.

6. 학생, 학부모, 교원들이 함께 참여한다.

7. 학생 작품에는 반드시 지도 글을 쓴다.

8. 연재하는 글을 여러 꼭지 싣는다.

9. 한글을 가로로만 쓴다.

10. 다달이 낸다.

'학교신문 발행 원칙' 열 가지 가운데 마지막 '다달이 낸다'는 빼고 아홉 가지 원칙을 신문 앞장 한 귀퉁이에 고정해 박아 두었다. 다달이 낼 생각이지만 한 달도 안 빼고 낼 자신이 없어 다달이 낸다는 원칙은 뺐다.

학교 안 계획서에만 넣고 실천해도 될 이런 다짐을 굳이 학교신문 앞 장에 고정해 박아 둔 까닭은 이 원칙에 따르겠다는 의지를 굳건히 하기 위해서다. 이렇게 공식으로 발행 원칙을 알리면 다짐이나 계획에 머물지 않고 지켜야 할 상대가 있는 약속이 된다. 약속은 지켜야 한다. 약속 상대도 아이들과 학부모들이니 돌에 새긴 것처럼 단단한 약속이다. 어떤 핑계로도 약속을 깨거나 합리화할 수가 없다. 경상도 사투리로 장치를 '단디' 해 놓은 거다.

열 가지 원칙 가운데서 일곱 째인 '학생 작품에는 반드시 지도 글을 쓴다'를 내건 까닭을 조금 설명해야 할 것 같다.

학교신문에 아이들 글이나 그림을 싣는 일은 조심스러운 일이다. 전교생 가운데 어느 아이 작품을 실을 것인지 선택하는 것부터 쉽지 않다. '우수 작품'을 싣는다면 그 기준이 또 문제다. 자칫하면 대회에서 상 탄 아이들 자랑 판이 되고 말 수도 있다.

그렇지만 방법이 없는 것은 아니다. 아이들 스스로 편집실로 작품을 가져오게 하여 그 차례로 뽑을 수도 있고, 학교 누리집에 '글쓰기' 방을 만들어 그 방에 올라오는 글을 싣는 방법이 있다.

또 작은 학교는 학년별로 돌아가면서 모든 아이들의 글을 싣는 방법도 있다. 작품 선택은 어찌어찌 해결한다고 해도 큰 문제가 하나 남는다.

실을 작품에 대한 평가 문제다. 그림이든 글이든 학교 신문에 실리면 아이들과 학부모들은 본보기가 되는 모범 작품으로 생각하기 쉽다. 이게 아이들의 개성과 성장을 막는 부작용이다. 그냥 작품만 실을 게 아니라 실린 작품에 대한 안내와 지도와 길잡이가 반드시 필요한 까닭이다. 학교신문 작품란은 단순한 발표 자리가 아니다.

리기다 소나무

상원초 1학년 정서현

소나무 몸통에 털이 났다.
옆에 있는 참나무가
킥킥 웃는다.

2011. 5. 22.

5월 22일 앞산 자락길 걷기 행사 때 앞산에서 본 것을 썼네요. 자기가 직접 보
거나 겪은 일을 떠올려 쓰는 태도가 아주 좋습니다. 몸통에 털이 난 소나무, 정
말 신기하지요? 참나무가 킥킥 웃는다는 글에서 읽는 사람들도 절로 웃음이
나오네요.

−상원어린이 73호, 2011. 7. 22. 발행

지도하는 글에 '5월 22일 앞산 자락길 걷기 행사' 때 일이라고 밝
혀 줌으로써 읽는 아이들에게 '직접 겪은 일을 이렇게 쓰면 좋은 시
가 되는구나!' 하는 배움을 일으키게 한다. 또 때와 장소를 밝혀 쓰
면 더 좋겠다는 생각도 가지게 한다.

이름 있는 통

동평초 3학년 남

비어 있는 통 하나에
꽃을 꽂았어요.
지나가던 친구가 꽃이 든 통을 보고

'예쁜 화분이네'라고 했어요.

비어 있는 통 하나에
쓰레기를 담았어요.
지나가던 친구가 쓰레기가 든 통을 보고
'미운 쓰레기통이네'라고 했어요.

그래요.
담는 것에 따라
통의 이름이 바뀌어요.

'예쁜 화분' '미운 쓰레기통' 재미있게 견줘 봤네요. 그런데 생각한 것을 진짜
있었던 일처럼 쓸 게 아니라 직접 겪은 일을 써 보세요. 훨씬 생생하고 재미있
는 글을 쓸 수 있을 거예요. 그리고 글 쓴 날짜를 밝혀 놓으면 좋겠어요.

—동평어린이 제66호, 2013. 12. 27. 발행

누가 봐도 직접 겪고 쓴 게 아니라 꾸며 쓴 글이다. 이런 글을 좋
은 글이라고 생각하고 따라 하려는 아이들이 생긴다면 학교신문은
배움의 장이 아니라 독이 되고 만다. 그렇다고 야단치듯이 마구 나
무라서 상처를 줘도 안 된다. 아이들인 만큼 무엇 하나 칭찬을 앞세
우는 건 잊지 말아야 한다.

내 일기장을 뒤적거리다가 다음과 같은 글이 있어서 소개하면서
이 글을 마친다. 교내 소통망인 메신저로 주고받은 글이다.

윤태규: 임형실 선생님. 수학여행 같이 가고 싶지 않았어요?

학교신문 나올 때가 되었는데 아이들 글 왜 안 보내 주나요?

읽고 길잡이 글도 써야 하는데…….

임형실: 잉, 수학여행 가고 싶었어요.

학부모 글과 교감 선생님 글이 아직 안 들어와서 기다리고 있습니다.

윤태규: 독촉을 해야지요. 이럴 때 편집장이 폼을 잡는 겁니다.

늦으면 야단도 치고, 실어 주지 않겠노라고 으름장도 놓고.

임형실: 제가 어찌?

근데 교감 선생님이 글 쓰셔야 하는 것 알고 계시는지 모르겠어요.

교장 선생님이 말씀드렸지요?

윤태규: 언제 슬쩍 지나가듯이 이야기를 한 것 같기도 하고…….

편집장이 정식으로 원고 청탁을 해야지요.

임형실: 아……. 저는 교장 선생님이 말씀하신 줄 알고 따로 얘기를 안 드렸어

요. 그리고 학부모 원고는요?

윤태규: 제가 연락하라고요? 편집장님이 심부름값을 줄랑가?

임형실: 막걸리로 퉁치면 안 될까요? ㅎㅎㅎ

윤태규: 에이, 그 막걸리 공짜가 아니었네. 그럼 내가 연락하리다.

임형실: 드릴 때는 공짜였는데……. 진짜로.

교장 선생님, 고맙습니다. ♡♡♡

학교신문 편집 일을 맡은 임형실 선생님은 결혼한 지 얼마 되지 않은 새색시다. 임신을 한 지 얼마 안 되어서 6학년 담임인데도 수학여행을 함께 가지 못했다. 그날 내 일기장에는 이렇게 쓰여 있다.

'이런! 내가 수학여행 못 간 것 위로한 거야, 업무 독촉한 거야?'

임형실 선생님이 새신랑과 함께 주말 나들이를 가서 사 온 막걸리 두 통을 내 책상 옆에 살짝 놓고 간 일이 있는데 여기서 나오는 막걸리 이야기는 그 이야기다.

학교와 헤어지기

　퇴임 전 마지막 금요일이니 정말로 마지막 출근이다. 언제나 그랬듯이 교장실 문을 열고 다소곳이 절을 하고 들어갔다. 이렇게 하는 절도 오늘이 마지막이다. 교장실을 말끔히 정리했다. 내 흔적은 이제 없다. 날마다 쳐다보며 내 자리를 확인하고 다지던 '학교는 내 모든 것을 바치는 곳이다'라는 액자도 이제 거기에 없다.

　새로 오는 교장 선생님에게 쓴 편지를 가운데 서랍에 넣어 두었다. 큰 학교이긴 해도 아이들이 착하고, 걱정 끼치는 학부모들도 거의 없어 큰 걱정 없이 근무할 수 있는 좋은 학교라는 이야기를 먼저 썼다. 당장 급한 일은 기상대 설치이고, 교실 바닥 바꾸는 일도 신경 써야 한다고 적어 두었다. 아직 끝나지 않은 일로는 1학기 마칠 때쯤에 벌어진 학폭 사건 하나와 행정실 민원 사건이 있다고 간단하게 설명하고는, 두 가지 일을 깨끗하게 마무리하지 못하고 떠나서 미안하다는 말로 끝맺었다. 새로 오는 교장 선생님은 내가 잘 아는 사람이다.

　학교를 한 바퀴 돌았다. 방학 기간이라 아이들은 없었지만 아이들 재잘대는 소리가 환청처럼 들렸다. 1학년 교실 앞 상상 칠판에 쓰인 글을 본다. '여름이 없는 세상에 살고 싶어요.' 1학년 아이가 쓴 글이다. 올여름이 유난히 덥기는 했다. 교장실 앞 소통 칠판에도 글이 빼곡하게 쓰여 있다. '떡볶이는 많이, 김치는 적게요!' 6학년 남자아이가 쓴 글이다. 벌써 2학기 급식이 걱정되는 모양이다. '여름방학 더 길게 해 주세요.' 3학년 아이가 쓴 글이다. 방학이 재미있었던 모양이다. 그러고 보니 여름방학도 얼마 남지 않았다. 이런 아이들을 다시 만날 수 없다니. 잠시 울컥했다.

운동장으로 나가니 불그스름한 에코스톤 운동장이 녹색 트랙과 어울려 아름답다.

"윤태규 교장 선생님이다!"

철봉대에서 2학년 여자아이들 몇이 반갑다고 소리 지르며 달려왔다.

"교장 선생님, 아직 안 갔어요?"

어찌 들으면 섭섭한 인사말 같지만 아이들은 궁금했을 것이다. 방학식 하는 날에 헤어지는 인사를 들었으니까.

"가긴 어딜 가? 난 안 가는데."

"정말이지요? 정말 안 가지요?"

"아니다. 거짓말이다. 방학하는 날 간다고 했잖아."

아이들은 벌써 헤어질 준비를 마쳤는데 괜한 농담을 했다 싶었다.

"맞아. 거짓말이야. 너희들 씩씩하게 학교 잘 다녀. 아침마다 똥도 잘 누고. 알았지?"

"헤헤헤, 알았어요."

아이마다 손을 잡아 주고 교장실로 들어왔다. 아이들이 손을 흔들어 주었다. 또 눈물이 핑 돌았다. 주책이다. 교장실에 들어오니 결재 공문이 몇 개 있었다. 아직 교장이구나. 반가웠다. 눈을 컴퓨터 모니터에 바짝 대고 꼼꼼하게 읽었다. 마지막 일이니까.

퇴임식 하던 날

42년 6개월이나 선생을 했다. 짧지 않은 세월이다. 6·25 전쟁 석 달 전에 태어나 핏덩이로 피난 다니면서도 죽지 않고 살아 정년까지 선생 했으니 아무리 생각해도 복 받은 삶이다. 은혜고 영광이다.

흔히들 퇴임을 맞아 시원섭섭하다는 감정을 말하는데 나는 '시원'보다는 '섭섭' 쪽이 더 컸다. 시원이든 섭섭이든 그냥 조용히 물러나도 될 텐데 퇴임식이라는 걸 했다. 학교생활 3년이나 4년이나 6년을 마치고도 졸업식이라는 것을 하는데, 학생 시절까지 합쳐 60년 가까이 교문을 드나들었는데 어찌 그냥 "교문아, 안녕!" 하고 끝내겠나 싶어서다.

퇴임식에 참석한 사람은 우리 학교 교직원, 우리 집 식구들, 제자들 59명이다. 바깥 사람들에게는 연락하지 않았다. 참석하고 싶다는 사람들에게는 우리끼리 모여 밥 먹고 이야기 나누는 자리라고 애써 이해시켰다.

퇴임식 사회는 교무부장이 하고, 송별사는 임 교감 선생님이 읽었다. 교감 선생님은 송별사를 훌쩍거리면서 읽다가 나중에는 더 읽지 못해서 다른 사람이 대신 읽었다. 고향에서 농사를 짓는 규헌이가 제자 대표로 이야기했고, 식구 대표로는 맏아들 종수가 나섰다. 퇴임사를 할 차례가 되어서 단상에 올라갔다. 교실에서 수업을 시작할 때처럼 참석한 제자들 이름을 하나하나 불렀다.

"이규원!"

"예, 여기 있습니다."

"황순애!"

"호호호, 왜 불러요."

아이 같은 어른 대답이다.

"화장실에 갔습니다."

"지각입니다."

장난기까지 발동한다. 그 옛날 초등학교 교실이 수십 년 시간 여행을 거쳐 퇴임식장에 와 있는 느낌이다. 여기저기서 웃음이 터졌다. 59명 이름을 다 부르느라 퇴임사는 길어졌다.

"선생님, 나갈 종 쳤어요."

동수가 손 전화로 문자를 보내 너무 길다는 신호를 줬다.

그렇게 1부를 마치고 저녁을 먹은 뒤 2부로 이어졌다. 여러 가지 재주 자랑이 무대에서 펼쳐졌고 몇 년 전에 전국노래자랑에 제자들과 함께 나갔던 그 노래와 춤을 다시 한번 보여 주는 것을 끝으로 퇴임식은 끝났다. 꽤나 야단스러웠다.

'내가 팔아먹은 황소보다 더 큰 황소를 사 드리겠습니다.'

첫 발령지로 떠나면서 먹은 첫 마음이다. 선생으로 첫발을 내딛는 다짐치고는 엉뚱하다. 부끄럽기도 하고 볼썽사납기까지 하다. '이 나라의 자랑스러운 교육자가 되겠다'까지는 몰라도 적어도 '좋은 선생이 되어야지' '아이들을 사랑해야지' 이 정도는 되어야 하는데 오직 내 머릿속에는 듬직한 황소 한 마리 사서 텅 빈 마구간을 채우겠다는 굳은 다짐으로 가득 차 있었다.

지지리도 가난한 살림이었다. 대학은커녕 중학교도 힘든 형편이었다. 고등학교는 농업학교에서 가축 기르는 조수 일을 하면서 겨우 다녔지만 교육대학은 무리였다. 결국 우리 집에서 가장 큰 일꾼이자 살림 밑천이었던 황소를 팔고 말았다. 소전에서 쇠고삐를 소장수에게 넘겨주던 날, 아버지는 손이 떨려 돈도 제대로 세지 못했고, 어머니는 치마로 눈물을 찍어 냈단다. 아버지 가슴에도 어머니 가슴에도 그리고 내 가슴에도 황소는 한으로, 원으로 깊이 박혀있었다.

퇴임 뒤 맞은 첫날 아침, 숨을 잠시 고르고 눈을 감았다. 떠오르는 것은 내 손을 거쳐 간 제자들이 아니다. 같이 지내 왔던 동료들도 아니고, 학부모들도 아니다. 아내와 자식들도 아니다. 아들 넷 다 하늘나라로 보내고 마지막에 겨우 붙잡은 부뜰이(또 다른 내 이름)를 소 팔아 선생 시킨, 지금은 안 계시는 어머니와 아버지다. 생각할수록 가슴이 먹먹하고 목구멍이 뜨거워졌다.

'어머니! 아버지! 부뜰이 42년 6개월 선생 노릇 잘 마쳤습니다.'

살아 있는 교육 44

똥교장 선생의 초등 교육 이야기

학생, 교사, 부모가 소통하는 학교 만들기

2023년 9월 18일 1판 1쇄 펴냄

글쓴이 윤태규
편집 김누리, 김성재, 박은아, 이경희, 임헌 | **디자인** 한아람
제작 심준엽 | **영업마케팅** 김현정, 나길훈, 양병희 | **영업관리** 안명선
새사업부 조서연 | **경영지원실** 노명아, 신종호, 한선희
인쇄와 제본 (주)천일문화사

펴낸이 유문숙 | **펴낸 곳** (주)도서출판 보리 | **출판등록** 1991년 8월 6일 제9-279호
주소 (10881)경기도 파주시 직지길 492
전화 031-955-3535 | **전송** 031-950-9501
누리집 www.boribook.com | **전자우편** bori@boribook.com

ⓒ윤태규, 2023

보리는 나무 한 그루를 베어 낼 가치가 있는지 생각하며 책을 만듭니다.

ISBN 979-11-6314-325-3 03370